Shavuos – Day of Judgement – and a Dangling Mountain!

בית כנסת דלוס אנג׳לס

BEIS KNESSES *of* LOS ANGELES

ליל שבועות תשפ״ד

ALL NIGHT LEARNING

2024

HOUR

1

ודע כי כמו שבראש השנה רצה הקב"ה להשגיח ולדרוש מעשה בני האדם כי הוא יום הבריאה הראשונה וחדוש העולם וכמו שתקנו לומר זה היום תחלת מעשיך כדברי ר' אליעזר שאמר בתשרי נברא העולם כן רצה ביום מתן תורה שהוא מורה על חדוש העולם להשגיח ולדרוש על מעשה העולם ולדונו על פירות האילן כדאיתא בפרק קמא דר"ה בארבעה פרקים העולם נדון וכו' בעצרת על פירות האילן וכבר בארנו כי הפירות ההם הם הנשמות הפורחות מאילנו של הקב"ה והעולם נידון ביום זה על התורה שנתנה בו שבטלו עצמם ממנה והוא אמרם על פירות האילן בלא השלימם בתורה ובמצות כראוי... ועוד ירמוז היום הקדוש

Re: חג השבועות כיום דין על תורה - השתלשלותה של טעות

ה' מאי 31, 2012 4:54 am

יש בנותן טעם לציין ל...

> ספר פרקי השנה' (להר"ר צבי יברוב שליט"א) ר"פ נב (עמ' שז-שח) כתב: מרן הגרא"מ שך (שליט"א)[זצ"ל] [היה] רגיל להביא בשם מרן הגרא"ז מלצר זצוק"ל כי נמצא בדברי הר"ן, שיום חג השבועות הוא "יום הדין לתורה". מרן (שליט"א)[זצ"ל] העיר כי לא מצא איה מקום דברי הר"ן, אבל כפי שנראה להלן, יש גם מקורות אחרים לדברים אלו.

ובהמשך הוא מציין לכמה מקורות, ובהם לדברי השל"ה בשם התולעת יעקב.

אגב, הוא איננו מזכיר את שם הגאון הנצי"ב זצוק"ל בשמועה זו...

חג השבועות כיום דין על תורה - שמועה בשם הר"ן ופתרונה

ג' מאי 29, 2012 1:23 pm

מיבדרא בהיכלי תורה שמועתו של מרן הגרא"מ שך זצ"ל בשם הגרא"ז מלצר זצ"ל בשם הנצי"ב בשם הר"ן שחג השבועות יום דין הוא על תורה.

מעודי תמהתי כמו רבים על המשך פרסומה של שמועה זו בשם הר"ן אחר שכל כתבי הר"ן נבדקו ולא נמצא דבר זה באחד מהם, כי אם בשל"ה הקדוש בשם ספר תולעת יעקב להר"מ בן גבאי [מגדולי מקובלי ספרד הקדמונים].

עתה צדה את עיני באחד מבתי המדרש מודעה המצטטת את הדברים, ובשוליה נכתב בשם הגרא"י זלזניק זצ"ל [תלמידו של הגרא"ז] שהסיבה לטעות זו נובעת מכך שבאוצר הספרים של הגרא"ז ספר דרשות הר"ן היה כרוך יחד עם ספר תולעת יעקב הנ"ל ונתחלפו זה בזה.

יתכן שלחכמים דכאן הדברים ידועים מכבר, עכ"פ לדידי ולדכוותי מחודשים הם ומניחים את הדעת [מלבד מסירת שמועה זו בשם הנצי"ב שעדיין אינה מיושבת בכך].

Hebrew Classics: Sefer Bedek Habayis
Venice 1606, Bound With Two Additional 16th Century Works

A beautiful copy of Sefer Bedek Habayis – the classic work of Maran R. Yosef Karo, author of Beis Yosef. This work contains supplements and corrections to Beis Yosef, and was first printed in Salonika just several months earlier, in 1605.

Also bound together with this work are two additional works printed in the 16th century, as follows:

Sefer Toaliyos HaRalbag, Riva Di Trento 1560. First Edition. This work is a compilation of the Ralbag's ethical lessons and morals culled from his commentary, and is arranged according to Torah and Nevi'im. A very interesting and unique work. A handwritten annotation from the period of the printing is seen on pp. 33.

Sefer Revi'i – The Fourth Volume of Teshuvos Mahari Ibn Lev, Venice 1606. This work contains novella and responsa authored by R. Yosef Ibn Lev, who was one of the leading Torah sages during the time of The Beis Yosef.

The personal copies of R. Yaakov Shamesh of Frankfurt (d. 1785), who was one of Frankfurt's leading Torah scholars in the late 18th century. R. Moshe Sofer – The Chasam Sofer, was one of his disciples while learning in Frankfurt. His personal autograph is seen on the title page of Sefer Toaliyos HaRalbag, who attests that he purchased this volume in 1747.

All volumes are in very good condition, with original painted edges in red and green. Page size: 19.5cm **Bedek Habayis:** [2], 68 pp. **Toaliyos HaRalbag:** 40; 27 pp. **Sefer Revi'i - Teshuvos Mahari Ibn Lev:** 78, [4] pp.

Opening Bid: $800
Estimate: $1,200-1,800

בשבת, וצריכין לשמור שלא לחלל הקדושה, ולכן כתיב בה (שם) **כאשר צוך ה׳ אלקיך**, לשמור מצות השבת. אבל **זכור** הוא הקדושה שצריכין בני ישראל להמשיך בשבת תוספות קדושה על ידי קידוש היום ותפלת שבת, והוא מדריגה שלמעלה. אבל אמרו חז״ל (שבועות כ, ב) כל שישנו בשמירה ישנו בזכירה, שעל ידי בחינת שמירה זוכין למדריגת זכור[תתפה]:

תרס״א

בעזה״י לחג השבועות

המנהג לעסוק בתורה בליל החג[תתפו].

דאיתא (אבות פ״ב מי״ב) **התקן עצמך ללמוד תורה שאינה ירושה לך**. וקשה, דכתיב (דברים לג, ד) מורשה קהלת יעקב[תתפז].

אך התורה נקראת עץ חיים[תתפח], וכמו שאילן מוציא פירות בכל שנה ושנה, כמו כן התורה מתחדשת פירותיה בכל שנה, ולכן בעצרת על פירות האילן (ר״ה פ״א מ״ב), היינו התחדשות התורה שנקראת עץ חיים, וכן איתא בספרים[תתפט], ולכן נקרא יום הביכורים (במדבר כח, כו)[תתצ].

וכמו דאיתא במדרש (שמו״ר כח, ו) שכל הנביאים וחכמים קיבלו בהר סיני חלקם בתורה[תתצא], רק שנתפרשו דבריהם כל אחד בשעתו, כמו כן בכל חג שבועות זמן מתן תורתנו, מקבלין בני ישראל חלק התורה המתחדשת על כל ימי השנה, ואחר כך מוציאים מכח אל הפועל כל אחד במקומו ושעתו[תתצב].

וזה ההתחדשות תלוי כפי הכנת כל אחד, ועל זה רמזו התקן עצמך ללמוד תורה שאינה ירושה לך, שיכין כל אחד את עצמו לקבל חלק מתורה המתחדשת בכל שנה, שאינה ירושה, רק מתחדשת בכל עת.

ויום זה שורש התורה של כל השנה, ולכן שתי הלחם בא חמץ, כמו שאיתא

יותר, כנ״ל. **[תתפה]** ע׳ לעיל תרל״ז ד״ה זכור ושמור, ושם הערות קסט, קע. **[תתפו]** עי׳ לעיל הערה סו. **[תתפז]** עי׳ סנהדרין צא, ב: כל המונע הלכה מפי תלמיד כאילו גוזלו מנחלת אבותיו, שנאמר (דברים לג, ד) תורה צוה לנו משה מורשה קהילת יעקב, מורשה היא לכל ישראל כו׳. ועי׳ סוכות סוף תרל״ה, תרל״ו ד״ה ענין אחר, תרמ״ז ד״ה בפסוק ביום השמיני. **[תתפח]** עי׳ לעיל הערה תסג. **[תתפט]** עי׳ **נועם מגדים** פרשת ראה בדרוש לשבועות: בעצרת על פירות האילן כו׳, הביאו לפני שתי לחם בעצרת כו׳ (ר״ה טז, א), דמה ענין דין פירות אילן ליום מתן תורה הקדושה. אך יש פנימיות בדבר, כי ידוע כי הצדיק נקרא אילן ועץ, כמו כי האדם עץ השדה (דברים כ, יט), ופירות הם תולדות חידושין דאורייתא שהוא מחדש, כמו שכתב הר״מ אלשיך בפסוק (תהלים א, ג) והיה כעץ שתול כו׳ אשר פריו יתן בעתו... ע״ש בדברי קדשו כי פלאות הנה, לזה ביום מתן תורה מתעורר בכל שנה אור זה להוריד אור חדש לעולם, ונידונין בו הצדיקים מי שיחדש כך חידושין ומי כך, זה בכה וזה בכה, אם בגלוי אם בסתר, לפי קדושת כל אחד כן יקבל האורה ביום מתן תורה, וזהו בעצרת על פירות האילן, חידושין שיחדשו האילנות כו׳. ועי׳ לעיל תרל״ה ד״ה כמו שכתבו. **[תתצ]** עי׳ זוה״ק פנחס רנג, א. ועי׳ תורה שלימה יתרו חלק טז עמ׳ רפב בשם מדרשי התורה לר״ש אשתרוק: אמנם אין ספק שהוקבע החג ביום שנקבע לתת בו התורה, והוא חג השבועות, וקראו יום הביכורים, לסבת התחדשותה אלינו בדקדוקיה ובפירושיה בכל שנה כו׳. **[תתצא]** הובא לעיל הערה קד. **[תתצב]** ע״ע לעיל תרל״ה ד״ה כמו שכתבו.

בזוה"ק[תתצג] דאית ביה ביטול יצר הרע. והוא על דרך שאמרו בגמרא (קידושין ל, ב) אם פגע בך מנוול זה משכהו לבית המדרש, אם אבן הוא נימוח, אם ברזל הוא מתפוצץ[תתצד], ולפי שזה היום שורש התורה, הוא ביטול היצר הרע[תתצה], שהתורה תבלין כנגד היצר הרע (שם)[תתצו].

וב' הענינים אבן וברזל, הם מול בחינות מצות עשה ומצות לא תעשה.

אבן הוא מה שמטמטם הלב כאבן שלא יקבל אור המצות, ומול זה נקראת התורה מים, והאבן נימוח בו, כמו שכתוב (איוב יד, יט) אבנים שחקו מים[תתצז], ומרכך לב האדם לקבל אור המצות.

ברזל הוא הקלקול במצות לא תעשה, ומול זה נקראת התורה אש, כה דברי כאש כו' וכפטיש יפוצץ סלע (ירמיה כג, כט), שהאש מבער ושורף הפסולת ומתקן

[תתצג] עי' לעיל הערה קפב. **[תתצד]** ז"ל הגמרא: תנא דבי ר' ישמעאל בני אם פגע בך מנוול זה משכהו לבית המדרש, אם אבן הוא נימוח, ואם ברזל הוא מתפוצץ, שנאמר (ירמיה כג, כט) הלא כה דברי כאש נאם ה' וכפטיש יפוצץ סלע, אם אבן הוא נימוח, שנאמר (ישעיה נה, א) הוי כל צמא לכו למים, ואומר (איוב יד, יט) אבנים שחקו מים. **[תתצה]** וראה **דרשות מהר"ל** דרוש על התורה כא, ב: שהרי התורה היא מושלת על היצר הרע, שכאשר יעסוק בה אין היצר הרע שולט בו, כדאיתא בקידושין (ל, ב) בני אם פגע בך מנוול זה משכהו לבית המדרש, אם אבן הוא נימוח, אם ברזל הוא מתפוצץ, שנאמר (ירמיה כג, כט) הלא כה דברי כאש נאם ה' וכפטיש יפוצץ סלע, הרי כי האש של תורה גובר על יצר הרע עד שאיננו יכול לשלוט בלומדיה, ולכך נתנה באש (שמות יט, יח; ראה במ"ר א, ז), להורות כי הוא אש השולט וגובר ביצר הרע... וזהו ענין שתי הלחם שבאו עם כבשי עצרת של חמץ, מה שהרחיקה התורה בכל ההקרבות את החמץ, חוץ מבשתי הלחם בחג השבועות (רש"י ויקרא ב, יב), ואף על גב שלא היו נקטרים ונקרבים לגבי מזבח, מכל מקום שם קרבן עליהם כשאר מנחות, ולמה אם כן באו של חמץ דוקא. אבל טעם הדבר הוא, מפני כי החמץ הוא היצר הרע, הוא השאור שבעיסה המעכב (ברכות יז, א), אשר ראוי לאדם להרחיקו באמת, כל עוד שיש בית מיחוש בעולם, אף בחשש רחוק מאוד, שיבא על ידו לידי חטא, אמנם כאשר אין לחוש כלל אין להרחיקו, לכך ציוה השם להקריב חמץ שהוא היצר הרע בעצרת, הוא יום מתן תורה, ולא זולתו, כי התורה איננה מניחתו לשלוט באדם, כדאמרינן בקידושין (ל, ב) תנו רבנן ושמתם (דברים יא, יח), סם תם, נמשלה התורה כסם חיים, משל לאדם שהכה את בנו מכה גדולה והניח לו רטיה על מכתו, ואמר לו בני כל זמן שרטיה זו על מכתך אכול מה שהנאתך ושתה מה שהנאתך ורחוץ בין בחמין בין בצונן ואין אתה מתיירא, ואם אתה מעבירה הרי היא מעלה נומי, כך הקב"ה אמר להם לישראל, בני בראתי יצר הרע ובראתי לו תורה תבלין, ואם אתם עוסקים בתורה אין אתם נמסרים בידו, שנאמר (בראשית ד, ז) הלא אם תטיב שאת, ואם אין אתם עוסקים בתורה אתם נמסרים בידו כו'. וע"ע תפארת ישראל פרק כה. וראה תורת העולה ח"ג סוף פרק נה. **[תתצו]** ע"ע מדרש שוח"ט תהלים קיט: בלבי צפנתי אמרתך [למען לא אחטא לך] (שם יא), אין יצר הרע שולט על התורה, ומי שהתורה בלבו אין יצר הרע שולט בו ולא נוגע בו. וראה עוד שם: פעמי הכן באמרתך [ואל תשלט בי כל און] (שם קלג), כך אמר דוד, אל תניח את רגלי שילכו למקום רצונם, אלא לתורתך, כל היום לבית המדרש, כי אין יצר הרע נכנס לבית המדרש, הולך עמו כל הדרך, כיון שמגיע לבית המדרש אין לו רשות ליכנס שם... כל מי שהוא עוסק בתורה אין יצר הרע שולט בו, לכך נאמר פעמי הכן באמרתך [ואל תשלט בי כל און]. ועי' זוה"ק מקץ רב, א: דהא לית לך מלה לתברא יצר הרע אלא אורייתא. **[תתצז]** קידושין שם. וראה עוד תנחומא האזינו ג: ולמה נמשלה תורה למטר, לומר מה מטר משחקת אבנים, שנאמר (איוב יד, יט) אבנים שחקו מים, אף התורה משחקת לב האבן, וזהו שאמרו רבותינו ז"ל אם אבן הוא נמוח ואם ברזל הוא מתפוצץ, לכך אין טוב לאדם כי

הפגם, כמו שכתוב (תהלים יט, ח) משיבת נפש. והרמז לזה, אפילו מחיצה של ברזל אינה מפסקת בין ישראל 'לאביהם' שבשמים (פסחים פה, ב), וזה כפי העסק בתורה שאז נקראים 'בנים', ואין המחיצה מפסקת, כנ"ל[תתצח]:

בפסוק (שמות כ, טו) **וכל העם רואים את הקולות.** פירש מו"ז ז"ל כעין דאיתא בגמרא (גיטין כג, א) דאיכא טביעות עינא דקלא[תתצט]. ופירוש הדברים, שהכירו והבינו שהם דברי אלקים חיים, כי נפשות בני ישראל הם חלק אלוה ממעל, וכשנתלבשו בעולם הטבע נכבה כח האלקות, וכשעמדו על הר סיני ושמעו הדברות הרגישו בנפשותם התקשרות הנפשות אל הבורא[תתק].

וזה פירוש הכיר את בוראו שנאמר באברהם אבינו ע"ה (נדרים לב, א), וכן איתא במדרש (במ"ר י, א) איזה דעת זה המכיר את בוראו, ומי שזוכה להכרה זו אינו יכול לשכוח את הבורא, כי הוא דבקות בעצם הנפש, וזה שאיתא (שבת פח, ב) שיצאה נשמתן[תתקא].

והקב"ה כשאמר אנכי ה' אלקיך (שמות כ, ב), חקק בנפשות בני ישראל אלה השמות שאינן נמחקין, כדאיתא (שבועות לה, א) שיש שמות שאינם נמחקין, פירוש, הגם שכל התורה שמותיו של הקב"ה (זוה"ק יתרו פז, א), אבל יש שמות שאינם נמחקין, והם רשימות וחקיקות לעולם.

וזה עצמו שכתוב מיד (שמות שם ג) לא יהיה לך אלהים אחרים על פני, ומלבד שהוא אזהרה, הוא גם כן גזירה, שאין יכול שום שעבוד וכוחות סטרא אחרא לשלוט באיש ישראל, לפי שחקוק בנו שמו יתברך[תתקב], וכמו שכתוב (שם ב) אשר הוצאתיך מארץ מצרים מבית עבדים, שטרי קודם (תו"כ בהר כה, מב).

ואפילו גם עתה שאנחנו בגלות, מכל מקום כתיב (תהלים צא, טו) עמו אנכי בצרה, וכמו שהראה הקב"ה ליחזקאל היה היה דבר ה' (יחזקאל א, ג), לנחם את בני ישראל

אם להמית עצמו על דברי תורה ולעסוק בה תמיד יומם ולילה. **[תתצח]** ע"ע ויחי תרמ"ח ד"ה עוד לפסוק הנ"ל, פסח תרמ"ז ד"ה בענין הפרש. **[תתצט]** ע"ע ר"ה תרנ"ב ד"ה בראש השנה: דכתיב (שמות כ, יד) רואים את הקולות, ואמר **אמו"ז** ז"ל כי זהו ענין טביעות עינא דקלא (גיטין כג, א), שבני ישראל הכירו וראו מתוך הקול אלקותו יתברך שמו, ודפח"ח. **[תתק]** עי' יתרו תרל"ט ד"ה בפסוק: בפסוק (שמות כ, טו) וכל העם רואים את הקולות כו', פירוש, כמו שכתוב (שם ב) אנכי ה' אלקיך, שראו בני ישראל כל אחד את שורש חיותו, וראו עין בעין חלק נשמת ה' ממעל שיש לכל אחד, ולא היו צריכין להאמין את הדיברות, רק ראו את הקולות, שכך הוא כאשר ה' דובר. **[תתקא]** עי' לעיל הערה נב. **[תתקב]** ע"ע לקוטים פרשת ואתחנן כט, ב ד"ה בפסוק לא יהיה לך: בפסוק (דברים ה, ז) לא יהיה לך אלהים אחרים על פני, הוא לשון הבטחה גם כן, כי במאמר אנכי ה' אלקיך (שם ו), חל אלקותו יתברך על פניהם, ועל הארה זו צוה השי"ת לא יהיה לך על פני דייקא. ועי' ואתחנן תרמ"ז ד"ה בענין: הענין הוא, דבעשרת הדברות כשאמר הקב"ה אנכי ה' אלקיך, חל אלקותו יתברך על נפשות בני ישראל, ונחקקו הדברים בלב כל איש ישראל, כמו שאמרו ז"ל (שבת קה, א) אנכי, אנא נפשאי כו', ועל זה נאמר לא יהיה לך אלהים אחרים על פני, פירוש, על זה האלקות ששוכן בכל איש ישראל, וזה אמת והבטחה גם כן, כי על צורה זו לא יוכל לחול שום דבר אחר. וע"ע לעיל הערה נה.

בגלות[תתקג]. והוא עדות על כל הגלות, אפילו שאין לנו עוד נביא, כי יחזקאל יצא מן הכלל ללמד על הכלל כולו יצא (ברייתא דר"י), ולכן קורין מרכבת יחזקאל בחג הזה[תתקד], לומר כי כח אנכי לעולם בישראל, כמו שכתוב (ישעיה מט, טו) 'ואנכי' לא אשכחך[תתקה].

וזהו ענין הטביעות עין להכיר את הבורא, מיוחד רק לבני ישראל, כעין דאיתא (ב"מ יט, א) אין מחזירין אבידה לעם הארץ רק בסימנים ולתלמיד חכם בטביעות עין, הרמז, כי באמת כל מה שברא הקב"ה לכבודו (אבות פ"ו מי"א), למענהו (משלי טז, ד), לעדותו[תתקו], להעיד עליו, אבל הכל בסימנים ורמזים על כח אלקות, ובסימנים יש חילוקים, יש מובהקים ושאינם מובהקים[תתקז], ויוכלו להתדמות בשקר, אבל בני ישראל שניתן להם התורה מכירין את התורה בטביעות עין ממש, ולזה אין הכחשה בעולם, לכן הם עדים מיוחדים על הבורא, וכן כתיב (דברים ד, לה) אתה הראת לדעת[תתקח], כדי שיוכלו להעיד על הבורא.

וגם בשבת דהוא סהדותא (זוה"ק יתרו צ, א)[תתקט], חל על בני ישראל נשמה יתירה (ביצה טז, א), שיוכלו להכיר ולהעיד על הבורא ית"ש[תתקי]. ועל שבת אמרו מתנה טובה יש לי בבית גנזי (שבת י, ב), וכן נקראת התורה חמדה גנוזה (שם פח, ב):

איתא בגמרא (פסחים סח, ב) **הכל מודין בעצרת דבעינן נמי לכם, שהוא יום שניתנה תורה לישראל.** כי הורדת התורה מן השמים הוא התפשטות אור

[תתקג] עי' זוה"ק שמות ב, א ב: רבי שמעון פתח, היה היה דבר ה' (יחזקאל א, ג)... אית לשאלה, אי יחזקאל נביאה מהימנא הוה, אמאי גלי כל מה דחמא, מאן דמלכא אעיל ליה בהיכליה אית ליה לגלאה רזין דחמי. אלא ודאי יחזקאל נביאה מהימנא הוה, וכל מה דחמא במהימנותא איהו, וברשותא דקב"ה גלי כל מה דגלי, וכלא אצטריך... גלותא דבבל ההוא הוה צערא שלים, ההוא הוה צערא דעלאין ותתאין בכאן עליה, עלאין דכתיב (ישעיה לג, ז) הן אראלם צעקו חוצה וגו', תתאין דכתיב (תהלים קלז, א) על נהרות בבל שם ישבנו וגו', כלהון בכו על גלותא דבבל, מאי טעמא, בגין דהוו בתפנוקי מלכין, דכתיב (איכה ד, ב) בני ציון היקרים וגו', והשתא הוו נחתין בגלותא, בריחיא על קדליהון וידיהון מהדקן לאחורא. וכד עאלו בגלותא בבבל חשיבו דהא לית להו קיומא לעלמין, דהא קב"ה שביק לון, ולא ישגח בהון לעלמין, ותנינן אמר רבי שמעון, בההיא שעתא קרא קב"ה לכל פמליא דיליה, וכל רתיכין קדישין, וכל חיליה ומשרייתיה ורברבנוי, וכל חילא דשמיא, ואמר לון מה אתון עבדין הכא, ומה בני רחימאי בגלותא דבבל ואתון הכא, קומו חותו כלכון לבבל ואנא עמכון, הדא הוא דכתיב (ישעיה מג, יד) כה אמר ה' למענכם שלחתי בבלה וגו', למענכם שלחתי בבלה דא קב"ה, והורדתי בריחים כולם (שם), אלין כל רתיכין ומשריין עלאין. כד נחתו לבבל אתפתחו שמיא ושראת רוח נבואה קדישא על יחזקאל, וחמא כל מה דחמא, ואמר לון לישראל הא מאריכון הכא, וכל חילי שמיא ורתיכוי דאתו למידר ביניכון, לא הימנוהו, עד דאצטריך לגלאה כל מה דחמא, וארא כך וארא כך, ואי גלי יתיר ממה דגלי כלא אצטריך, כיון דחמו ישראל כך חדו, וכד שמעו מלין מפומיה דיחזקאל לא חיישו על גלותהון כלל, דהא ידעו דקב"ה לא שביק לון, וכל מה דגלי ברשותא גלי. **[תתקד]** עי' מגילה לא, א; טוש"ע או"ח סימן תצד סעיף א. **[תתקה]** ע"ע יתרו תרס"א, תרומה תרס"ג ד"ה ויקחו, ואתחנן תרס"א ד"ה בענין. **[תתקו]** עי' לעיל הערה תפב. **[תתקז]** עי' ב"מ כז, ב. **[תתקח]** עי' לעיל הערה תעז. **[תתקט]** ז"ל הזוה"ק: דאמר רבי יוסי שבת סהדותא אקרי, ובעי בר נש לסהדא על הא דכתיב (שמות כ, יא) כי ששת ימים עשה ה' וגו'. **[תתקי]** עי' ואתחנן תרנ"ט.

התורה למטה, וכמו כן בבני ישראל בעצמם הארת הנשמה בגוף, כי האדם כולל שמים וארץ[תתקיא], נשמ״ה גימטריא השמי״ם[תתקיב], ועיקר נשמה יתירה קבלו בני ישראל במתן תורה[תתקיג], אנכי ה׳ אלקיך (שמות כ, ב), ולכן אז נתבטל הגוף אל הנשמה. וזה שאמרו **נמי לכם**, שאז הלכם מתבטל אל השורש. ומעין זה בכל שבת קודש, נשמה יתירה (ביצה טז, א), שבו מתנוצץ הארה מקבלת התורה, כמו שכתוב (שמות כ, ח) זכור כו׳ יום השבת, בעצומו של יום שניתן בו התורה (שבת פו, ב)[תתקיד], ולכן מצוה לענג בו גם הגוף:

תרס״ב

בפסוק (שמות יט, ג) **ומשה עלה, ובמדרש** (שמו״ר לג, ב) **כל עליך היה מן המרום, עלית למרום** (תהלים סח, יט)[תתקטו]. דאיתא במדרש תשא (שמו״ר מא, ה) בפסוק (שמות לא, יח) ככלתו, מה כלה זו מצנעת עצמה ומגלית עצמה בשעת חופתה, כן צריך להיות תלמיד חכם צנוע במעשיו ומפורסם במעשים טובים[תתקטז].

וכן היה במשה רבינו ע״ה, עניו מאוד (במדבר יב, ג), וכאן **עלה אל האלקים**. וכן מצינו בר׳ יוסף דאמר לא תיתני ענוה דאיכא אנא (סוטה מט, ב), ובעצרת אמר אי לאו האי יומא כמה יוסף איכא בשוקא (פסחים סח, ב)[תתקיז], דבאמת כפי הענוה שנמצא כך בגוף מתעלה ומתרומם הנפש.

וזה הרמז חמץ בשתי הלחם, כי חמץ רומז על התנשאות[תתקיח], ובעצרת מתרומם נפשות בני ישראל, הנפש שליט על הגוף, דהתורה נקראת אש[תתקיט], ונקראת מים,

[תתקיא] עי׳ **ליקוטי תורה** פרשת בראשית ה, ב ד״ה הנה באדם: נמצא שיש באדם השמים וארץ... כי יש בו בחינת הנשמה שהוא נגד שמים, שהוא הרוחניות מן השמים, ויש בו בחינת גוף שהוא נגד הארץ, לאלו אמר ב׳ ראשית, כי ב׳ דברים אלו היו ראשית הבריאה, שמים וארץ מדבר הכתוב על בריאת אדם, שמים אמר על בריאת נשמה, ואת הארץ על הגוף הנקרא ארץ. **[תתקיב]** עי׳ מרגליות הים סנהדרין צא, ב אות ב. **[תתקיג]** עי׳ נח תרנ״ד, בא תרמ״ט ד״ה ובפסוק, יתרו תרמ״ה ד״ה ודרשו, ואתחנן תרנ״ט. **[תתקיד]** הובא לעיל הערה קעא. ועי׳ לעיל תרל״ז ד״ה זכור, ושם הערה קעב. וע״ע לעיל הערה רסז. **[תתקטו]** ז״ל המדרש: עלית למרום שבית שבי (תהלים סח, יט), כל עלויך לא היה אלא מן המרום, עלית למרום, ומשה עלה אל האלהים (שמות יט, ג), ומשה נגש אל הערפל (שם כ, כא). **[תתקטז]** ז״ל המדרש: אמר רבי שמעון בן לקיש מה כלה זו כל ימים שהיא בבית אביה מצנעת עצמה ואין אדם מכירה, וכשבאת ליכנס לחופתה היא מגלה פניה, כלומר, כל מי שהוא יודע לי עדות יבא ויעיד עלי, כך תלמיד חכם צריך להיות צנוע ככלה הזו, ומפורסם במעשים טובים, ככלה הזו שהיא מפרסמת עצמה, הוי ויתן אל משה ככלותו (שמות לא, יח). **[תתקיז]** הובא לעיל הערה מג. ועי׳ קדושת לוי ספר הזכירות, זכירת מתן תורה. **[תתקיח]** עי׳ **כלי יקר** פרשת בא יג, יד: ועל כן דין החמץ בשריפה, כי כל המתגאה נידון באש, כדאיתא בילקוט (פרשת צו רמז תפ) בפסוק (ויקרא ו, ב) הוא העולה על מוקדה, כי טבע האש לעלות למעלה, על כן נידון בו העולה למעלה. ודינו של חמץ במשהו, כי כך היא המדה בגסות הרוח, שבכל המדות צריך האדם לילך בדרך ממוצע, חוץ מן גסות הרוח שעליו אמרו רז״ל (סוטה ה, א) לא מינה ולא מקצתה, הרי שאסרו אפילו המשהו, וכן אמרו רז״ל (אבות פ״ד מ״ד. ועי׳ פיה״מ להרמב״ם שם; הל׳ דעות פ״ב ה״ג) מאוד מאוד הוי שפל רוח, להפלגת הענין ולהרחקתו מכל וכל. ועי׳ דרך פקודיך מצות ל״ת יא חלק המחשבה אות ב, מצות ל״ת יט חלק המחשבה אות ב. **[תתקיט]** ראה ירמיה כג, כט: הלא כה דברי כאש נאום ה׳.

הרב עזריאל אויערבאך
רב דחניכי הישיבות — בית וגן, ירושלים

יום הדין דעצרת

איתא במגילה ל״א ע״ב, תניא רשב״א אומר עזרא תיקן להן לישראל שיהו קורין קללות שבתורת כהנים קודם עצרת, ושבמשנה תורה קודם ר״ה. מאי טעמא, אמר אביי ואיתימא ר״ל כדי שתכלה השנה וקללותיה. בשלמא שבמשנה תורה איכא כדי שתכלה שנה וקללותיה, אלא שבתורת כהנים אטו עצרת ר״ה היא. אין, עצרת נמי ר״ה היא, דתנן ובעצרת על פירות האילן, ע״כ.

והדבר צריך תלמוד, דהא במתני׳ התם בר״ה ט״ז ע״א תנן דבארבעה פרקים העולם נידון, ובפסח נידון על התבואה ובחג על המים, וא״כ מאי שנא ההיא דבעצרת על פירות האילן דחשיב לה ר״ה דאית ביה כדי שתכלה שנה וקללותיה, טפי מהנך פרקים שהעולם נמי נידון בהם.

עוד יש לעיין, דהנה התוס׳ שם במגילה בד״ה קללות, כתבו דמקדימין לקרות במדבר קודם עצרת וכן נצבים קודם ר״ה, וז״ל, לפי שאנו רוצים להפסיק ולקרות שבת אחת קודם ר״ה בפרשה שלא תהא מדברת בקללות כלל, שלא להסמיך הקללות לר״ה. ומטעם זה אנו קורין במדבר סיני קודם עצרת, כדי שלא להסמיך הקללות שבבחקתי לעצרת עכ״ל. אכן ברמב״ם בפי״ג מהל׳ תפילה הל״ב כתב וז״ל, עזרא תיקו להם לישראל שיהו קורין קללות שבספר ויקרא קודם עצרת ושבמשנה תורה קודם ר״ה. והמנהג הפשוט שיהו קוראין במדבר סיני קודם עצרת, ואתחנן אחר תשעה באב וכו׳, כדי שישלימו בשנה ויקראו אותן הסדרים בעונתן עכ״ל. ומתוך דבריו משמע, דכל אופן הקריאות בזה הסדר, הוא כדי שתתקיים תקנת עזרא ויקראו אותן הסדרים בעונתן. וא״כ משמעות הדבר דבכלל תקנת עזרא הוא שיהו קורין גם פרשת במדבר קודם עצרת, וצריך ביאור א״כ מאי שייטיה דפרשה זו נמי לעצרת.

קרבן שתי הלחם — פירות עץ הדעת

והנה בר״ה שם, תניא א״ר יהודה משום ר״ע, מפני מה אמרה תורה הביאו עומר בפסח, מפני שהפסח זמן תבואה הוא, אמר הקב״ה הביאו לפני עומר בפסח כדי שתתברך לכם תבואה שבשדות. ומפני מה אמרה תורה הביאו שתי הלחם בעצרת, מפני שעצרת זמן פירות האילן הוא, אמר הקב״ה הביאו לפני שתי הלחם בעצרת כדי שיתברכו לכם פירות האילן. ומפני מה אמרה תורה נסכו מים בחג, אמר הקב״ה נסכו לפני מים בחג כדי שיתברכו לכם גשמי שנה וכו׳, ע״כ. והדבר צריך ביאור, דשתי הלחם מחיטה הם באים ולאו פרי העץ הוו, ומה עניינם לעצרת שזמן פירות האילן הוא.

* נאמר בשיחה ונכתב ונערך ע״י אחד השומעים.

וכתב רש"י וז"ל, ואני שמעתי דרבי יהודה לטעמיה דהא אזלא כמאן דאמר בסנהדרין עץ שאכל אדם הראשון חיטה היתה עכ"ל. והיינו כדמוכרח לה רבי יהודה בסנהדרין שם ע' ע"א, שאין התינוק יודע לקרות אבא ואמא עד שיטעום טעם דגן, וכתב רש"י שם לפי"ז, דמדקרי ליה עץ הדעת טוב ורע ש"מ היינו חיטים. והא דקרי לי' עץ, כתב במסורת הש"ס שם דהוא על שם העתיד, וכמו שאמרו בכתובות קי"א ע"ב עתידה חיטה שתתמר כדקל. ובמהרש"א שם ציין, דעל דרך זה אמרו בסו"פ לולב הגזול, דקטן שיכול לאכול כזית דגן מרחיקין מצואתו, שנאמר יוסיף דעת יוסיף מכאוב. וכן אמרו בירושלמי ברכות (פ"ג הל"ה), תנן קטן שהוא יכול לאכול כזית דגן, פורשים מצואתו וכו'. בעון קומי רבי אבוה מפני מה פורשים מצואתו וממימי רגליו ד"א, אמר לון מפני שמחשבותיו רעות. ונמצא א"כ דאכילת החיטה מביאה באדם בחינת הדעת, ומשפיעה עליו מכוחה בין לטוב ובין לרע.

מהות יומא דעצרת – קנין הדעת ושלמות האדם

ויעויין במהרש"א שביאר דבמאי דקרי בברייתא לעצרת דזמן פירות האילן הוא, היינו דמהות היום הוא בקניית הדעת. וז"ל, וחשיב בכאן ג' דברים שהם חיי ג' נפשות שבעולם, שהם נפש הצומח ונפש הבהמה ונפש האדם. כי המים בחג, הם חיי נפש הצומח. והעומר של שעורים הוא חיי נפש הבהמה, כדאמרינן פ"ק דפסחים שעורים נעשו יפות א"ל צא ובשר לחמורים, ובמס' סוטה אמרינן תביא מנחת שעורים שהוא מאכל בהמה. ושתי הלחם של חיטין היו, והוא חיי נפש האדם כפרש"י בשמעתין וכו'. והוא מבואר, שאמר הכתוב מהחל חרמש וגו' שהוא קציר שעורים, תחל לספור שבעה שבועות, שהוא יום קציר חיטים שום שתי הלחם. והכוונה בו, כי בצאתם ממצרים שנקראו חמורים [כדכתיב ביחזקאל (כ"ג כ'), בשר חמורים בשרם], והיו ישראל גם כן בלא מצוות, לא היו ראויים רק למאכל בהמה שהן שעורים וכו' [והוא מה שאמר הכתוב בדברים (ד' ל"ד) גוי מקרב גוי, ואחז"ל שהיו ישראל במצרים כעובר במעי אמו, חלק בלתי נפרד מהמצריים כעובר ירך אמו, מה עובר אוכל מה שאמו אוכלת כך ישראל כן], עד ספירת ז' שבועות ע"ש וכמטמונים תחפשנה, שהוכנו אז לדעה שמביא מאכל חיטים, שאז קבלו התורה. וע"כ מביא ב' הלחם מחטים שמביא הדעת וכו'. וע"כ אמר, מהחל חרמש בקמה שהוא קציר שעורים מאכל בהמה. תספור נ' יום עד הבאת ב' הלחם שבאה מן החיטין לקבל דעה וחכמת התורה עכ"ל.

ונמצינו למדים, דהנך תרי פרקים דתבואה ודפירות האילן, תרי פרקים הם במהותם של כלל ישראל. דביציאת מצרים בפסח, הועילה יציאתם כיציאת העובר ממעי אמו, ונראה להוסיף דלכן ביציאת מצרים הוצרך להוציאם הקב"ה בכבודו ובעצמו ולא ע"י מלאך וכו', דמכיון שיצאו מבחינת בהמה שהיו בה במצרים ונהפכו לאדם וד"ז לא שייך להעשות אלא ע"י הקב"ה בעצמו. [והוא מש"כ בזוה"ק דבליל זה היה המשכת המוחין דהיינו שהגיעו לבחינת אדם]. אולם מ"מ עדיין לא הגיעו לבחינת אדם בשלמות רק בעצרת, דלאחר ספירת ז' שבועות שעלו בכל יום מדרגה לדרגה בזה הוכנו לדעה שמביא

מאכל החיטים, ושוב היו ראויים לקבל דעה וחכמת התורה ועי"ז נעשו אדם. וכדברי חז"ל (ב"מ קיד:, יבמות סא.) עה"פ אדם כי ימות באהל, אתם קרויים אדם ואין העכו"ם קרויים אדם שאינם מטמאין באהל, דע"י קבלת התורה זכו ישראל למעלת האדם מכח הדעת וחכמת התורה.

עיקר הברית דמעמד הר סיני – תורה שבע"פ

והנה בסוף פרשת בחקתי (כ"ז ל"ד) כתיב, אלה המצות אשר צוה ה' את משה אל בנ"י בהר סיני. ובסוף פרשת כי תבא (כ"ח ס"ט) כתיב, אלה דברי הברית אשר צוה ה' את משה לכרות את בנ"י בארץ מואב, מלבד הברית אשר כרת אתם בחורב. וכתב רש"י, דהיינו קללות שבתורת כהנים שנאמרו בסיני. ואיתא במכילתא פ' יתרו (פרשה ו' י'), ויקח את ספר הברית ויקרא באזני העם, אבל לא שמענו מהיכן קרא באזניהם וכו'. ר' ישמעאל אומר בתחילת הענין מה הוא אומר, ושבתה הארץ שבת לה' שש שנים תזרע שדך. שמיטין ויובלות ברכות וקללות. בסוף הענין מה הוא אומר, אלה החוקים והמשפטים והתורות. אמרו מקבלין אנו עלינו. כיון שראה שקיבלו עליהם, נטל הדם וזרק על העם שנאמ' ויקח משה את הדם ויזרוק על העם. אמר להם, הרי אתם קשורים ענובים תפוסים, מחר בואו וקבלו עליכם המצוות כולם, ע"כ. ונמצא א"כ דכל התוכחה בתורת כהנים ופרשת בהר בחוקותי כולם נאמרו להם בסיני, וכולם בכלל הברית שקבלו עליהם ישראל שם, ושפיר מה"ט נמי יש לקרותם קודם עצרת.

ולפי"ז י"ל עוד, דעיקר הברית נכרתה על העמל בתורה, שהרי דרשו חז"ל אם בחקתי תלכו שתהיו עמלים בתורה. ועוד איתא בספרא שם, אם בחקתי תלכו, מלמד שהמקום מתאוה שיהיו ישראל עמלים בתורה, וכה"א לו עמי שומע לי ישראל בדרכי יהלכו וכו'. ואמרו עוד בע"ז ה' ע"א, אם בחקתי תלכו, אין אם אלא לשון תחנונים, וכה"א לו עמי שומע לי וגו', ופרש"י שהקב"ה מתחנן לפניהם שישמרו את התורה. ונמצא א"כ דבברית זו הקב"ה מתחנן ומתאוה שיהיו ישראל עמלין בתורה.

ועמלה של תורה היינו בתורה שבע"פ. וכמו שאמרו בתנחומא פ' נח (אות ג'), שלא כרת הקב"ה ברית עם ישראל אלא על התורה שבע"פ וכו' שהיא קשה ללמוד ויש בה צער גדול וכו' ולא קבלו ישראל את התורה עד שכפה עליהם הקב"ה את ההר כגיגית וכו'. וא"ת על התורה שבכתב כפה עליהם את ההר, והלא משעה שאמר להן מקבלין אתם את התורה ענו כולם ואמרו נעשה ונשמע מפני שאין בה יגיעה וצער והיא מעט, אלא אמר להן על התורה שבע"פ שיש בה דקדוקי מצוות קלות וחמורות והיא עזה כמות וקשה כשאול קנאתה וכו' עיי"ש שהאריך בזה.

וידועים דברי הבית הלוי (בדרשות דרוש י"ז) שהקשה דכיון דתורה שבע"פ ארוכה מארץ מידה ורחבה מיני ים, הא אין אדם מתחייב בדבר שאינו קצוב, ואיך נתחייבו עליה בברית. וביאר שם, דכיון שהקנו גופם לעבדים, חייב העבד בכל מה שיצוהו אדוניו אפי' בדבר שאין בו קצבה. ולהנ"ל זוהי כל מהותה של קבלת התורה בזה, דכיון שהיא

קשה ללמוד ויש בה צער גדול נמצא דהלומדה בזה האופן מביא לידי ביטוי מושלם את עבודתו לבוראו. והיינו מאי דכתיב (שמות ג׳ י״ב), בהוציאך את העם תעבדון את האלקים על ההר הזה, דבמעמד הר סיני נכנסו בבחינת העבדות ע״י קבלת התורה.

עצרת נמי ר״ה היא

ואיתא בשבת דף פ״ח ע״א, אמר חזקי׳ מאי דכתיב משמים השמעת דין ארץ יראה ושקטה, אם יראה למה שקטה ואם שקטה למה יראה. אלא בתחילה [קודם שאמרו ישראל נעשה ונשמע, רש״י] יראה, ולבסוף [כשקבלוה, שם] שקטה. ולמה יראה, כדר״ל דאמר ר״ל מאי דכתיב ויהי ערב וכו׳ יום הששי, ה׳ יתירה למה לי, מלמד שהתנה הקב״ה עם מעשה בראשית, ואמר להם אם ישראל מקבלים התורה אתם קיימין, ואם לאו אני מחזיר אתכם לתוהו ובוהו, ע״כ. למדנו אפוא דעצרת הוי דין על קיום העולם, והיינו דאמר משמים השמעת דין, דדין הוא תורה ותורה היא אמת ומחייבת לדין, וכל קיום הבריאה תלוי ועומד בקבלת התורה. ונמצא א״כ דבר״ה הוי יום הדין על חידוש הבריאה משום דהוא יום תחילת הבריאה, וכדאמרינן זה היום תחילת מעשיך וכו׳, וכל באי עולם עוברין לפניו כבני מרון והאדם נידון בו לפי מעשיו. ובעצרת הוא יום הדין על קיום הבריאה, דאם ישראל מקבלים התורה אתם קיימין ואם לאו וכו׳.

ודין זה לא היה במעמד הר סיני בלבד, אלא בכל שנה ושנה בכל דור ודור עד היום הזה מתחדש דין זה בעצרת. וכדמצינו בשבת קכ״ט ע״ב דאין מקיזין דם במעלי יומא דעצרת משום סכנתא, דנפיק ביה זיקא ושמיה טבוח דאי לא קבלו ישראל תורה הוה טבח להו לבשרייהו ולדמייהו, וגזרו רבנן אכולהו מעלי יומא טבא משום יומא טבא דעצרת. (ובמהרש״א סנהדרין מ״ג ע״ב ביאר אמאי קרו לי׳ טבוח ולא טובח, דכיון דכתיב זובח תודה יכַבדנני ודרשו דהיינו כשכובש את יצרו ומנצחו הוא זובח יצרו, ה״נ כיון שקבלו ישראל התורה וכבשו יצרם הרי זבחו את יצה״ר ושפיר מקרי טבוח.) ודבר זה נוהג בכל שנה ושנה מה״ט, (ועיין ברמ״א סי׳ תס״ח ס״י ובמג״א ומחצה״ש שם.) וא״כ ש״מ דהך דין דאם יקבלו ישראל התורה אתם קיימין ואם לאו וכו׳, חוזר ונדון בכל שנה ושנה ביום זה. והיינו דבכל שנה ושנה דן הקב״ה בעצרת את קיום הבריאה, דכלל ישראל נקרא אילן המושרש על אבות העולם, וחיי עולם נטע בתוכנו, וביום זה שמהותו שהוא זמן פירות האילן דהוא בחינת הדעת, נידון העולם על קיומו כמה הושקה האילן והושקע בו עמל בניצול כל כוחות ופירות הדעת באילן התורה שקיבלו ישראל. וכל מאי דקבלת התורה בשלמות יותר בעמל ובדעת, טפי מהני להמשך קיום הבריאה, ושפיר הוי יום זה יום דין.

ואע״פ דליכא חיוב בלימוד הל׳ תשובה קודם יום דין זה כדמצינו קודם ר״ה ויוה״כ, כבר מבואר בירושלמי (ר״ה פ״ד הל״ח) דבקרבנות העצרת (במדבר כ״ח ל׳) אין כתיב חטא גבי שעיר עיזים כבשאר הרגלים, אמר להן הקב״ה מכיון שקיבלתם עליכם עול תורה מעלה אני עליכם כאילו לא חטאתם מימיכם. והיינו כפי שהובא לעיל. דהקב״ה

מתחנן ומתאוה שיקבלו ישראל על עצמם עול עמל התורה, דבזה באים לידי קיום עבודות לפניו בעמלה של תורה הבאה בקושי ובדרך עבודה, ובזה הם משפיעים לקיום העולם, ועי"ז מעלה עליהם דהרי אתם כאילו לא חטאתם מימיכם. [ואע"ג דבויקרא כ"ג י"ט כתיב בה חטא, היינו גבי ב' הלחם, אבל בקרבנות מוספי היום לא נאמר].

כח קבלת התורה דכל יחיד בקיום הבריאה דיש להוסיף בזה, דכל ענין זה אינו מסור לכלל בלבד, אלא נידון הוא בכחו של כל יחיד ויחיד. דאיתא במדרש (במדבר ב' ג'), הביאני אל בית היין, בשעה שנגלה הקב"ה על הר סיני ירדן עמו כ"ב רבבות של מלאכים, שנאמ' רכב אלוקים רבותים אלפי שנאן, והיו כולם עשויים דגלים דגלים שנא' דגול מרבבה. כיון שראו אותן ישראל שהם עשויים דגלים דגלים התחילו מתאוים לדגלים, אמרו הלואי כך אנו נעשים דגלים כמותן. לכך נאמ' הביאני אל בית היין, זה סיני שנתנה בו תורה שנמשלה ביין וכו'. ודגלו עלי אהבה, אמרו אילולי הוא מגדיל עלי אהבה, וכה"א נרננה בישועתך ובשם אלוקינו נדגול. אמר להם הקב"ה, מה נתאויתם לעשות דגלים, חייכם שאני ממלא משאלותיכם וכו'. מיד הודיע הקב"ה אותם לישראל, ואמר למשה לך עשה אותם דגלים כמו שנתאוו, ע"כ.

וביאור ענין הדגלים במלאכים ושנתאוו להם ישראל וקבלום בהר סיני, שמעתי לבאר דענין הדגלים מורה על תפקידי המלאכים בעולם. דהא כל מלאך ממונה על ענין מסויים בבריאה, וכמובא בחז"ל אין לך כל עשב ועשב מלמטה שאין לו ממונה עליו מלמעלה, ושומר אותו ומכה אותו ואומר לו גדל. כל מחנה של מלאכים הוא דגל והוא הממונה על ענין מסויים בבריאה, וזהו תפקידו של כל מלאך ומלאך באותו הדגל בבריאה. וכשראו ישראל במעמד הר סיני ענין זה, התחילו מתאוים לבחינה זו, וכיון שקבלו עליהם ישראל התורה וכפה עליהם ההר להכנס בעמל התורה בתורה שבע"פ וכמו שנת' לעיל, עשאם הקב"ה לדגלים דמכאן ולהבא קיום העולם תלוי בעסק התורה של ישראל. ובספר מעלות התורה לאחי הגר"א (בסופו) הביא מהגאון, שכל אחד מישראל קבל בהר סיני את חלקו בתורה שלמדהו המלאך במעי אמו, וע"ז אנו מתפללין ותן חלקנו בתורתך. ונמצא שכאו"א ע"י חלקו המסיים בתורה השייך לו, הוא ממונה ומופקד על ענין מסויים בבריאה, וקיום העולמות בזה והוא ביחס לכושר ותוקף תורתו של כאו"א וכדגלי המלאכים ממש. וזה משאחז"ל עה"פ מי זאת עולה מן המדבר וכו', כשראו אוה"ע את ישראל בדגליהם, אמרו אין זה אלא אלוקים. והיינו כנ"ל, דממתן תורה נתחדש סדר חדש בבריאה, דקיום העולמות תלוי הוא בתורתם של כאו"א מישראל.

וזה ודאי דכשהיו ישראל במדבר איש על מחנהו ואיש על דגלו, וכאו"א עוסק בתורתו, היה כל אחד ממלא חלקו בשלמות בקיום העולם. ועכשיו שאנו בגלות גלותנו אף דאין אנו בדגלים, מ"מ בידינו הוא לעסוק בחלקנו בתורה וכאו"א ביחס לכושר וההיקף עסקו בתורה תלוי קיום הבריאה על ידו. ומהאי טעמא שפיר כתב הרמב"ם דאף קריאת פרשת במדבר עניינה שתקרא קודם עצרת כמו פרשת בחוקתי, דענין אחד להם למהותה של קבלת התורה.

ובזה יובנו היטב דברי הרמב״ם בפ״ג מגירושין הל״כ גבי גט מעושה, שביאר דמהני משום שבפנימיותו רוצה הוא לעשות כל המצוות ולהתרחק מן העברות, ויצרו הוא שתקפו, וכיון שהוכה עד שתשש יצרו ואמר רוצה אני כבר גרש לרצונו. ודבר זה שייך דוקא בישראל ולא באוה״ע. דכיון שכפה עליהם הר כגיגית, הרי נטועים הם באמונה מאבותיהם וכמש״כ רש״י במדבר (א׳ י״ח) שהביאו ספרי יחוסיהם להתייחס על השבט. משום דלצורך הדגלים היו זקוקים לדרגה זו של קבלת התורה בשלמות, וזהו שמשפיע לדורות לפנימיותם של ישראל בזה.

ונמצא א״כ דשפיר הוי עצרת ר״ה, דיום דין הוא על קיום הבריאה לפי תוקף קבלת התורה של כל יחיד ויחיד מישראל לניצול כל כוחות הדעת המושפעים ביום זה. וככל מאי שתהא קבלתו של כאו״א ביתר תוקף בעמל ושלמות, משפיע הוא ביותר לקיום העולם מיום זה והלאה. וקבלתו בזה בשלמות מסייעת היא בידו גם כן להוציא קבלתו בזה לפועל, וכמו שאמרו בסנהדרין צ״ט ע״ב עה״פ נפש עמל עמלה לו כי אכף עליו פיהו, הוא עמל במקום זה ותורתו עומלת לו במקום אחר. ופרש״י, דמפני שעמל בתורה ומשים דברים בפיו תמיד כאוכף שעל החמור, תורה עומלת לו שמחזרת עליו ומבקשת מאת קונה למסור לו טעמי תורה וסדריה. וכל כך למה, מפני שאכף שכפף פיהו על דברי תורה.

ועד כמה שקבלת התורה בשלמות משפעת לקיום הבריאה כמו שנקבע במעמד הר סיני, כך משפעת שפע של שלום על הבריאה כמאז. וכמאחז״ל בזבחים קט״ז ע״א, שכשניתנה תורה לישראל היה קולו הולך מסוף העולם ועד סופו, וכל מלכי עכו״ם אחזתן רעדה בהיכליהן וכו׳ נתקבצו כולם אצל בלעם הרשע ואמרו לו מה קול ההמון אשר שמענו וכו׳, אמר להם חמדה טובה יש לו בבית גנזיו שהיתה גנוזה אצלו תתקע״ד דורות קודם שנברא העולם וביקש ליתנה לבניו, שנאמר ה׳ עוז לעמו יתן. מיד פתחו כולם ואמרו, ה׳ יברך את עמו בשלום.

ישורון עמוד מס 610 יב מאסף תורני הודפס ע״י תכנת אוצר החכמה

Kaddish:

what who and why?

בית כנסת דלוס אנג׳לס

BEIS KNESSES of LOS ANGELES

ליל שבועות תשפ״ד

ALL NIGHT LEARNING

2024

HOUR

2

ושמרנו מן הכל וחננו מאתך וכו׳. בראשי חדשים ובחולו של מועד מוסיף בברכת י״ז בערבית ושחרית ומנחה ומברך אותה בנוסח זה רצה יי׳ אלהינו וכו׳ עד עבודת ישראל עמך אלהינו ואלהי אבותינו יעלה ויבא וכו׳ ותחזינה עינינו וכו׳. ובחולו של מועד אומר ביום מקרא קדש הזה ביום מועד חג המצות הזה או ביום מועד חג השבועות הזה או ביום מועד חג הסוכות הזה. ביום תענית מברך היחיד ברכת י״ו בנוסח זה שמע קולנו יי׳ אלהינו חום ורחם עלינו וקבל ברחמים וברצון את תפלתנו מלפניך מלכנו ריקם אל תשיבנו עננו אבינו עננו ביום צום תעניתנו כי בצרה גדולה אנחנו אל תסתר פניך ממנו ואל תעלם אזנך משמוע בקשתנו והיה קרוב לשוענו טרם נקרא ואתה תענה נדבר ואתה תשמע כדבר שנאמר והיה טרם יקראו ואני אענה עוד הם מדברים ואני אשמע כי אתה שומע תפלת כל פה ברוך אתה יי׳ שומע תפלה. ושליח צבור אומר נוסח זה ברכה בפני עצמה אחר ברכה שביעית אומר עננו וכו׳ עד כי אל עונה בעת צרה פודה ומציל בכל עת צרה וצוקה ברוך אתה יי׳ העונה בעת צרה. בתשעה באב מברך ברכת ארבע עשרה בנוסח זה רחם יי׳ עלינו על ישראל עמך ועל ירושלים עירך העיר האבלה החרבה השוממה הנתונה ביד זרים היושבת וראש לה חפוי כאשה עקרה שלא ילדה ויבלעוה לגיונות ויירשוה עובדי פסילים ויתנו נבלת עבדיך מאכל לעוף השמים ולבהמת הארץ על כן ציון במרר תבכה וירושלים תתן קולה לבי לבי על חלליהם

בעשרה ימים שמראש השנה עד יום הכפורים אומר בסוף ברכה זו כאמור ויגבה י״י צבאות במשפט והאל הקדוש נקדש בצדקה ברוך אתה י״י המלך הקדוש. שליח ציבור אומר קדיש לעולם קודם כל תפלה ואחר כל תפלה ואחר שאומר סדר היום בכל עת שיאמר סדר היום יתחנן מעט ויאמר קדיש. וכשישלים לקרות בתורה ובכל עת שיתחנן בדברי תחנונים כשיגמור תחנוניו יאמר קדיש:

נוסח הקדיש

יתגדל ויתקדש [ה]שמיה רבא בעלמא דברא כרעותיה וימליך מלכותיה ויצמח פורקניה ויקרב משיחיה ויפרוק עמיה בחייכון וביומיכון ובחייהון דכל בית ישראל בעגלא ובזמן קריב ואמרו אמן יהא שמיה רבא מברך לעלם ולעלמי עלמיא יתברך וכו׳. בעת שיאמר שליח ציבור יתגדל ויתקדש שמיה רבא כל העם עונין אמן. ובעת שהוא אומר תחלה ואמרו אמן כל העם עונין אמן יהא שמיה רבא מברך לעלם ולעלמי עלמיא. ומצות חכמים הראשונים לענות אמן יהא שמיה רבא מברך בכל °כחו של אדם. וכשהוא אומר יתברך כל העם עונין אמן. וכשהוא אומר בריך הוא כל העם עונין אמן. וכשהוא אומר בסוף ואמרו אמן כל העם עונין אמן. וכסדר הזה עונין בכל קדיש וקדיש. קדיש בתרא כל קדיש שאומר שליח ציבור אחר שגומר התפלה שאינו אומר אחריו כלום אלא כל העם שומעין

הודפס מאוצר החכמה

רִאשׁוֹן קוֹרֵא שְׁלֹשָׁה פְּסוּקִים "וַיָּבֹא עֲמָלֵק" א"וַיֹּאמֶר מֹשֶׁה" ב"וַיַּעַשׂ יְהוֹשֻׁעַ", וְשֵׁנִי קוֹרֵא ג"וְהָיָה כַּאֲשֶׁר יָרִים מֹשֶׁה" ד"וִידֵי מֹשֶׁה" ה"וַיַּחֲלֹשׁ יְהוֹשֻׁעַ", שְׁלִישִׁי קוֹרֵא ו"וַיֹּאמֶר ה'" ז"וַיִּבֶן מֹשֶׁה" ח"וַיֹּאמֶר כִּי יָד עַל כֵּס יָהּ מִלְחָמָה לַה'". וּמַנִּיחִין סֵפֶר תּוֹרָה בִּמְקוֹמוֹ וְאוֹמֵר ט"יְהִי שֵׁם ה' מְבֹרָךְ מֵעַתָּה וְעַד עוֹלָם" וְקַדִּישׁ, שֶׁאֵין לְךָ קְרִיאָה שֶׁטְּעוּן קַדִּישׁ עַד שֶׁיַּחֲזִיר יאֶלָּא שֶׁל שַׁבָּת בִּלְבַד

י אלא של שבת בלבד. טוש"ע או"ח סי' רפב ס"ד.

נוסחת הגר"א

קורא שלשה פסוקים "ויבא עמלק", "ויאמר משה", "ויעש יהושע", והשני קורא "והיה כאשר ירים משה", "וידי משה כבדים", "ויחלש יהושע", שלישי קורא "ויאמר ה'", "ויבן משה", "ויאמר כי יד על כס יה". ומניחין ספר תורה במקומו, ואומר "יהי שם ה' מבורך מעתה ועד עולם" וקדיש, שאין אומרים קדיש לא

נחלת אריאל

פוחתין מעשרה פסוקים: [א.ה. גירסת רבינו היא "ושני קורא "ויעש יהושע" "והיה כאשר ירים משה" "ויחלש יהושע"] חוזר. לפירוש א' ניחא שאין בפרשה זו אלא חמשה פסוקים ובפרשת "ויאמר" שלשה פסוקים, ולפירוש ב' גרסינן "ויעש", "והיה", "וידי", "ויחלש". והן ארבעה פסוקים להשלים עשרה פסוקים וכיון שצריך אחד לקרא ארבעה פסוקים, יקראם האמצעי ולא יניחן לשל אחריו. והוא הדין בשאר קריאות כדאיתא בגמ': ומניחין. שאין מגביהין אותה: "יהי". עיין לעיל סוף פרק יח: וקדיש. כלומר שאר נוסח הקדיש: שיחזיר. כלומר אין לך קריאה שילטרכו להמתין עם הקדיש עד שיחזירו ס"ת למקומה:

נחלת יעקב

ואנן קיימא לן דלא יפחתו לשלשה הקוראים פחות מעשרה פסוקים אפילו הכי קורין "ויבא עמלק", וטעמא כיון דסליק עניינא, כדאיתא במסכת מגילה (כג, ב) ולקמן בהלכה ז: **ב"וישמע יתרו"**. אין אומרים דכהן ולוי יקראו פרשת "ויבוא עמלק" והשלישי יתחיל מ"וישמע יתרו" כדי להשלים עשרה פסוקים לא אמרינן הכי: **"ויעש יהושע"**. טעות סופר הוא וצריך לומר (שמות יז, יב) "וידי משה", ואפשר ליישב על פי מה שכתב הב"י (או"ח סי' תרצג) דכופלין הפסוק האחרון כדי להשלים עשרה פסוקים. אם כן יש לומר דגמרא דהכא סבירא ליה דכופלין פסוק "ויעש

מקרא סופרים

שיתבאר אחר זה. (ג) **אין מתחילין ב"וישמע יתרו"**. להשלים לעשרה פסוקים. ולכאורה הוא אך למותר דהא כבר אמר דקורין רק "ויבא עמלק" אף על פי שאין בה רק ט' פסוקים, ועוד מאי שנא דאשמעינן דאין מוסיפין אחריה "וישמע יתרו" ולא תני נמי דאין מוסיפין מלפניה שום פסוק. ויתכן לומר דהוה אמינא להוסיף פסוק "וישמע יתרו" משום דדרשו חז"ל (זבחים קטז, א) מה שמועה שמע ובא מלחמת עמלק שמע ובא. לכן הוה אמינא דגם "וישמע יתרו" הוי

מִפְּנֵי הַמַּפְטִיר, וְעַל הַנָּבִיא, לְאַחַר שֶׁמַּנִּיחִין סֵפֶר תּוֹרָה בִּמְקוֹמוֹ אוֹמֵר קַדִּישׁ, וְקַדִּישׁ לָמָּה, אֶלָּא לְלַמֵּד שֶׁאֵין אוֹמְרִים קַדִּישׁ לֹא בְּרָאשֵׁי חֳדָשִׁים וְלֹא בְּתַעֲנִיּוֹת וְלֹא בְּשֵׁנִי וּבַחֲמִישִׁי וְלֹא בְּחֻלּוֹ שֶׁל מוֹעֵד וְלֹא בִּשְׁמוֹנַת יְמֵי חֲנֻכָּה וְלֹא בְּפוּרִים עַד שֶׁמַּחֲזִירִים סֵפֶר תּוֹרָה לִמְקוֹמוֹ בְּשָׁעָה שֶׁהָעָם עוֹמְדִים, וְהֵן עוֹנִין אָמֵן יְהֵא שְׁמֵיהּ רַבָּה בְּכַוָּנָה בַּעֲמִידָה:

נוסחת הגר"א

בראש חדש ולא בתענית ולא בשני ובחמישי ולא בחולו של מועד ולא בשמונת ימי החנוכה ולא בפורים, עד שמחזירין ספר תורה במקומו בשעה שהעם עומדין, והן עונין 'אמן יהא שמיה רבא' בכוונה בעמידה, שאין לך

ספר הפרדס לרש"י ז"ל

כולל תשובות ופסקי דינים מגאונים קדמונים ולרבינו שלמה בר' יצחקי הנודע בשם רש"י

נדפס בראשונה בקושטאנדינה בשנת ה"א תקס"ז.

ויצא עתה לאור בתוצאה הדשה מוגהת ומתוקנת, על ידי השואה עם ספרי רבותינו הראשונים אשר הובא בהם מאמרי הפרדס, עם סימנים להפריד בין מאמר למאמר, ומראה מקומות בתנ"ך ותלמוד בבלי ירושלמי תוספתא ספרא ספרי מכילתא ומדרשים, עם הערות נחוצות ומראה מקומות להפוסקים והמפרשים העוסקים באותו ענין, וגם מבוא המפיץ אור על ספרי רש"י ז"ל בכלל ועל ספר הפרדס בפרט.

מעובד ומבואר על ידי

חיים יהודה עהרענרייך

חופקה"י דעווא יע"א.

ספר הפרדס / שלמה בן יצחק (רש"י) / עמוד 1
הודפס מאוצר החכמה

מזמורים: קג) כשהציבור אומרים פסוק או משנה (צריך) [צריכין] לומר קדיש מיד אחריהם. ולפיכך אומר[ים] קדיש אחר פסוקי דזימרה ואחר [סדר] קדושה ואחר (תפלה) [תהילה] במנחה, ואף לאחר משנה כגון במה מדליקין קד) ואבות. *קד) ואומר בסיומן, אמר ר' אלעזר אמר ר' חנינא וכו'. דהיינו בקריאת התורה קה) הפסוקין כדי לקדש. דאין מקדשין אלא בסיום הפסוק או דרשת הפסוק. קו) וכן בשבת לאחר שקראו בתורה אומר החזן קדיש

נא) במדבר י"ד, כ. נב) שמות ל"ב, י"ד. נג) מכאן איתא במח"ו ובסד"ר שם בסגנון קצר. נד) ויקרא כ"ג, מ"ב. נה) ויקרא י"ח, כ"ח. נו) ויקרא ט"ז, כ"ב. נז) ב"מ פ"ה: והלשון משנה שם. נח) הוספתי ממח"ו ומסד"ר שם, דנראה שחסר מפר"ס לפנינו. נט) ברכות ו': והקרא דניאל ט', י"ז. ס) ברכות ז'; סא) בסדור רש"י בטעות היכלות. ועיין חולין כ"ז: סב) ברכות ד': וט': (ומובא בסדור רע"ג דף ט', ובמח"ו 18 ובסדור רש"י סימן ל"ח). סג) מובא במח"ו 74 ובסדור רש"י סו"ס ת"ט ובליקוטי הפרדס דף י"ד והתיקונים עפר"ש. ועיין שבלי לקט השלם סימן י', ע"ט. סד) כמח"ו ובסד"ר איתא כאן „ואין כאלהינו ופטום הקטורת וכן בשבת וכו'". *סד) בליקוטי הפרדס „ואין כאלקינו". סה) בלקוטי הפרדס ליתא תיבת „הפסוקין". סו) מח"ו וסדור רש"י ולק"פ שם. ועיין תוס' מגילה כ"ג ע"א ד"ה כיון וכו'.

אחר קריאת התורה קז, לפי ששם הסיום, וקריאת המפטיר לכבוד הוא קז) (וקודם) שיקרא המפטיר. ולאחר שהפטירו בנביא [כ]שיאמרו תהילה חוזר ואומר קדיש לפני התיבה. אבל בשבת במנחה ובשני ובחמישי שאין מפטירין בנביא אין החזן אומר קדיש מיד לאחר סיום קריאת התורה, אלא ממהר לגלול התורה ובא לפני התיבה ואומר הקדיש, וסיומא אריכתא (ב)[ה]קריאת התורה [היא] עד הנה ומפני שקראו בתורה מקדשין, ומה שמפסיק בנתי[י]ם [עד שיגלול ספר תורה] לא חשיב הפסקה, וכולה סיומא אריכתא היא. וכן בראשי חודשים ובחנוכה ובפורים ובמועדות שאין הפטרה (ואחר) [לאחר] קריאת התורה אין אומ[רים] קדיש עד שיחזור ס[פר] ת[ורה] למקומה, קח) ויש (שהרחיקו) [שיחזיקו] לומר הקדיש לאלתר אחר קריאת התורה קודם (נביאים), [שגוללו], א[ף] ע[ל] פ[י] שאין עושין בשבת במנחה. וישראל [ש]בגלות אם אינם נביאים בני נביאים הם. ואלו [ואלו] נוהגין המנהג הג(ד)אה והגון, ואין לשנות מן המנהג.

פירוש תפילות לרבינו שלמה זק"ל·

ספר הפרדס / שלמה בן יצחק (רש"י) / עמוד 320
הודפס מאוצר החכמה

קכו) **פירוש קדיש.** יתגדל ויתקדש על שם הפסוק קכז) והתגדלתי והתקדשתי, והאיך יכיל [אדם] לה(ת)גדל שמו של הק[דוש] ב[רוך] ה[וא], שמא חס ושלום כביכול חסר הוא. [אין וודאי חסר הוא] כדכתיב קכח) כי יד על כס יה, נשבע הק[דוש] ב[רוך] ה[וא] שלא יהיה הכסא שלם עד שימחה זכר עמלק, וכן מצינו שמו ה', קכט) וכשהוא אומר כס יה אינו אלא חצי שם באותיות, וכמו כן קורא לכסא כס, הרי שהן חסירין אותיות, לכך אנו מתפללים יתגדל ויתקדש, כלומר יהי רצון מלפני מי שאמר והיה העולם שיגאלינו מבין האומות וימחה את זכר עמלק ויתקדש שמו להיות שלם, שמיה רבא. כמו שמיה רבא ברא, וכן הוא אומר יתגדל ויתקדש שמיה רבא (כשם) [כשם] שברא הק[דוש] ב[רוך] ה[וא] את עולמו וזהו בעלמא דברא כרעותיה כרצונו וימליך מלכותיה, ואז המלכות והממשלה קיימת קל) וימלוכוהו ישראל, ולא יהיה זר בתוכם ועובד לאל קלא) נכר

שמה) ליתא בכל הספרים הנ"ל מלות „בשעת מעשה". **שמו)** במח"ו ובסדור רש"י סיים כאן „מפי רבינו שלמה זצ"ל". ובלק"פ כמו לפנינו. ועיין במבוא שהבאתי מלק"פ מה שלא הובא בפרדס לפנינו. **שמז)** מובא בלקוטי הפרדס דף י"ג ע"ב ותקנתי עפי"ש. ונובע מסדר"ע"ג (וארשוי צד 4). ועיין מח"ו סימן י' וסדור רש"י סימן י"ב מיוחס לרב נחשון גאון ובטור או"ח ובב"י שם סימן נ"ו שהביא דברי הכל בו והביא גם את ספר הפרדס. ועיין ב"ח שם. ובאבודרהם ובהערותינו שם. ובמנהיג אות כ"ח. **שמח)** בלק"פ „כל זה בבריעה אחת". **שמט)** ליתא תיבת „ויתהלל" בלק"פ שם. **שן)** בסדר"ע"ג ט"ס היא שב' „חמש כריעות". וצ"ל „ארבע" וכן היא בסדר"ע"ג דפוס ירושלים סימן י"ח. **שנא)** מלאכי א', י"א. **שנב)** ד' שמות הוי כי ג' פעמים דכתיב שמי וה' צבאות הוי ארבע. **שנג)** תקנתי עפ"י הקרא לפנינו. **שנד)** בסדר"ע"ג לא הביא סיפא דקרא כי אם וגו' וצריך להשלים שם את החסרון. ועיין הערת המו"ל שם. ובב"ח או"ח סימן נ"ו. **שנה)** ליתא בכל הספרים הנ"ל פסוק זה. **שנו)** מובא בלקוטי הפרדס דף י"ג ע"ב, ותקנתי עפ"י שם. **שנז)** יחזקאל ל"ח, כ"ג. **שנח)** שמות י"ז, ט"ז. **שנט)** בלק"פ כתיב השם במלואו. **שס)** בלק"פ „ומלכותו יתברך". **שסא)** בלק"פ

ספר הפרדס / שלמה בן יצחק (רש"י) / עמוד 347
הודפס מאוצר החכמה

כדכתיב קקנ) והיה ה' למלך על כל הארץ. וזה הדבר שהתפלל על הגאולה יהיה בחייכון וביומ[י]כון ובחיי(א) דכל בית ישראל. ועונין כל הקהל יהא שמיה רבא מברך לעלם בכל כוחם, כן יהא רצון כמו שאמרת. שמיה, על שם יה שברא בו את עולמו. מברך לעלם, שיתגדל וגאולתינו תלויה באותו גידול השם, כי השם לא [י]היה שלם כמו שפירשנו עד שימחה זכר עמלק, וזכר עמלק לא ימחה עד שניגאל בקרוב. אמן ישתבח ויתפאר וכו' תתקבל צלותהון, וכו'. ומה תפילה עשו, זו היא תפילה שיתגדל השם ומתפללין על הגאולה כי בהא תלייא מלתא. ואם ישאל אדם לומר למה אומרים בלשון ארמי הקדיש כדי שלא ירגישו מלאכי השרת ששמו של הק[דוש] ב[רוך] ה[וא] חסר שמא יחריבו את העולם. לכך אנו אומ[רים] בלשון ארמי, קקג) כי אינן מבינין אלא לשון הקודש בלבד. (ומהפכין) [ומהפכין] אנו כמו כן התיבות ועושין שם זה שמיה רבא מברך כדי שלא יבינו ושלא ידעו, אבל ישתבח ויתפאר שהוא שבח אומר[ים] בלשון קודש, שאם יבינו אין בכך כלום [ש]שבח הוא זה. אבל תתקבל צלותהון נמי בלשון ארמית [כדי] שלא ירגישו ויאמרו ומה תפילה עשו, והם לא עשו אלא שבח, וכבר פירשתי שלא יבינו תחלת הקדיש על שהוא בארמית. ועוד יהא שלמא רבא מן שמייא, כלומר יהא שלום בפמלייא של מעלה שלא יבינו מלאכי השרת נוה שאמרנו, ואז חיים על כל ישראל. עושה שלום במרומיו זהו סיום תפלה, וכמו שאנו מתפללים על השלום כאן כמו כן את מוצא בסוף י"ח בין בחול בין בשבת בין במועד בין בברכת המזון בין בקידוש (שלום) [של יום]: קקד) ולמה [אנו] מנענע[ים] בקדושה כשאנו אומרים ק[דוש] ק[דוש] ק[דוש]. דכתיב *קד) וינועו אמות הספים מנענעים ומזדעזים מאימת מלך. קל יחומר אם אבנים נזדעזעו ונתנענעו אנו לא כל שכן [שמכירים בין טוב לרע]. נשלם פירוש קדיש.

ואע"פ שספר האורה מיוחס לרש"י ז"ל וכתב
בסימן י' שיעור הבילה ע"ז וב'
בליטי כסף של בגדד שלפ"ז הרביעית ערך
פ"ד גרס, באמת רש"י ז"ל לא חיבר ספר
האורה ולא ספר הפרדס ולא מחזור ויטרי
אלא תלמידיו חיברו כל מה ששמעו מרש"י

שיעורין סימן

ז"ל והוסיפו בו דברים שמצאו לפוסקים
קדמונים [ובספר הפרדס רוב הדברים אינם
מרש"י ז"ל] ורק מה שכתוב שם אומר רבי
או הורה רבי או תשובה לרש"י וכיו"ב הם
פסקי רש"י ז"ל כמבואר כ"ז היטב בהקדמת
ספר הפרדס למוהרח"י עהרנרייך ז"ל בודפסט
תרפ"ד וכ"ז נראה בעליל לכל מעיין.

סתירה צריך לפרש כן גם בדברי רש"י בפירושו לתלמוד וכו', דאם רש"י ז"ל חזר בו, אזי אין צריך לפרש כן בדבריו וז"פ.

ומה גם שבעניותי איני יודע היאך יש להעמיס בדברי רש"י ז"ל בפירושו לתלמוד מנחות (שם) כמו שכתוב בספר הפרדס ע"ש.

ואף אם לא נימא כדברי הרב תורת חיים ז"ל דרש"י ז"ל חזר בו, אלא דאכן דבריו בפירושו לתלמוד לדבריו בספר הפרדס, ומה בכך והרי הדבר מצוי מאוד במשנת רש"י ז"ל שבמקומות הרבה מפרש בשני אופנים שונים ויש בהם נפקותא גדולה לדינא ולא מיקרי סתירה אלא הוי כלישנא אחרינא, ומפורסם דבר זה, ועיין למהרש"א ז"ל בקידושין (מ"ד א'), והגהות רש"ש דמאי (פ"ה מ"ט), ושבת (פ"ג א'), וחולין (קכ"ח א'), ובספר פרדס יוסף ח"א (דער"ב ע"א), ושם ח"ב (דקי"ד ע"ב, ודרנ"ד ע"א, ודש"מ ע"א, ודתנ"ח ע"א), ושם ח"ג (דצ"א ע"ב, ודר"ל ע"א, ודשמ"ו ע"א), ועיין בחיבורי שם בצלאל (דף רס"ח) ובכל המצויין שם. [ובחיבורי הנכחי לקמן (סימן ס"ד) עיין שם].

אבל באמת מספר הפרדס אין ראיה כלל איך רש"י ז"ל סובר, כי ידוע ומפורסם הדבר שבספר הפרדס יש הרבה דברים והרבה פסקים שלא מרש"י ז"ל יצאו אלא הם משאר הקדמונים ז"ל, ובביאורו לתלמוד כתב רש"י ז"ל להדיא דלא ככתוב בספר הפרדס ואינו סובר כלל מה שנאמר והובא בספר הפרדס.

וזו לשון רבינו הגדול שליט"א בעל קהלות יעקב בספר שיעורין של תורה (סימן ב' אות י"ד): "באמת רש"י ז"ל לא חיבר ספר האורה, ולא ספר הפרדס, ולא מחזור ויטרי, אלא תלמידיו חיברו כל מה ששמעו מרש"י ז"ל, והוסיפו בו דברים שמצאו לפוסקים קדמונים, ובספר הפרדס רוב הדברים אינם מרש"י ז"ל, ורק מה שכתוב שם אומר רבי או הורה רבי או תשובה לרש"י וכיוצא בזה הם פסקי רש"י, כמבואר כל זה בהקדמת ספר הפרדס למוהרח"י ערנרייך ז"ל, וכל זה נראה בעליל לכל המעיין" עכלה"ט.

והגרי"פ פרלא ז"ל בביאורו לספר המצוות של רס"ג ז"ל (ל"ת קס"ו, דקע"ח ע"ג) שכתב: "מיהו אין הדבר ברור דידוע דשם בספר הפרדס נאספו הרבה דברים שאינם מרש"י ז"ל אלא מגדולים אחרים" ע"ש.

והגאון נצי"ב ז"ל בהעמק שאלה (סימן נ"ד סק"ד דשנ"ג ע"ב) כתב: "כבר ידוע ומבואר דבספר הפרדס לרש"י נמצא כמה פעמים דברים שלא על פי שיטת רש"י ז"ל בתלמוד" ע"ש.

עוד תראה שמה שכתוב בספר הפרדס לא אליבא דרש"י הוא, ואדרבה רש"י ז"ל בביאורו לתלמוד ביאר אחרת, בהגהות המהדיר לספר ראבי"ה הלכות ראש השנה (סימן תקמ"א דף רל"ז הערה י') עיין שם כמה דוגמאות, וכזאת תראה לגאון מהרש"ם ז"ל דעת תורה יו"ד (סימן נ"ז סוף אות מ"ב), וגליוני הש"ס שבת (קנ"ג ב'), וכיוצא בזה כתב בהגהות דבר הלכה שעל הלכות פסחים לרי"צ גיאת ז"ל (סימן נ"ד אות ד') ע"ש, והם דברים ברורים.

ולפיכך אין תימה כלל ולא קשיא מידי במה שמצאנו בספר הפרדס שכתוב שם שיש לברך שתי ברכות בהנחת תפילין כי אין אלו דברי רש"י ז"ל, ושיטת רש"י ז"ל בביאורו לתלמוד שעל תפילין

אומרים אל ארך אפים בחמישי בשבת. ומקדישין בבקר אחר קריאת התורה, לפי[1502]
שאין לך כל דיבור ודיבור שבתורה שאין בו שם המפורש שאין אנו יודעין, לפיכך צריך
להקדיש על אותו השם, ולפי שאין יכול להקדיש עכשיו לאלתר כבשאר ימות החול[1503],
שלאלתר לאחר חזרת התורה מקדישין בלא שום פיסוק בנתיים לא תהלה לא שום דיבור
כשעומדין להתפלל, אבל עכשיו שאין אומרים קדיש עד לאחר קינות וסדר קדושה
על[1504] כן יאמר קדיש אחר קריאת התורה. ולאחר סיום קינות בשחרית אומרים ובא
לציון ולא למנצח ואני זאת, למנצח משום מועד, ואני זאת בריתי משום[1505] שאין אנו
לומדין בתורה באותו יום, ולא ימושו מפיך שלא יהיה במשמע על הקינות, להכי אין

───────────── גן הרוקח ─────────────

ספר הרוקח <מהדורת זכרון אהרן> - א / אלעזר בן יהודה מגרמיזא / עמוד 478
הודפס מאוצר החכמה

מההיא דפרק במה מדליקין [כד, א] דאמר רב אחדבוי (בר) [א"ר] מתנא אמר רב יו"ט שחל להיות בשבת המפטיר בנביא במנחה א"צ להזכיר של יו"ט שאילמלא שבת אין נביא במנחה. הא למדת שהיו מפטירין במנחה בשבת. ופיר"ת דהא דתנן בהקורא אין מפטירין בנביא קאי אנביאים[יח], והאי דרב אחדבוי קאי אכתובים[יט], כדאמר בכל כתבי הקודש [קטז, ב] בנהרדעא פסקי סידרא בכתובים במנחה בשבת ולא ביום טוב[9]. ופסקי היינו מפטירין, ומקומות מקומות יש כדאמר התם, אבל בנביאים מתקנת חכמים הוא בכל מקום ולא תקנוה אלא בשעת ביטול מלאכה ובשעת כינופיא בין יוצר למוסף. מיהו ההיא דכל כתבי הקודש דפסקי סידרא משמע לכאורה דבשעת דרשה הוה ולא בשעת קה"ת.

מוסיפין עליהם. ואיזה מהם שירצה יקרא ארבעה. ואם קרא פחות מעשרה יחזור ויקרא עד שישלים לעשרה. ואם קרא ודילג פסוק ולא קראו, אם קרא עשרה ואין פסוק המדולג ביניהם אינו חוזר. ואם בתוך עשרה הוא, יחזור ויקרא עשרה כראוי על שיטתם.

ורש"י פירש בבמה מדליקין [כד, א ד"ה המפטיר] שראה בתשובת הגאונים[כ] שהיו רגילים לקרות בנביא במנחה בשבת עשרה פסוקים ובימי פרסיים גזרו שמד שלא לעשות וכיון שנסתלקו נסתלקו. וכפי זה י"ל דמתני' דפרק הקורא לאחר שמד וההיא דר' אחדבוי קודם השמד. ופסקי סידרא דמסיק בכל כתבי הקודש איכא למימר לאו דוקא בכתובי אלא ה"ה בנביאי:

[ז] והא דאין אומרים קדיש לאחר קריאת התורה פירש מורי ה"ר אלעזר מוורמש [סידור תפילה לרוקח סי' קב] לפי כי תקנו לנו כנסת הגדולה לומר ז' פעמים קדיש בכל יום כנגד [תהלים קיט, קסד] שבע ביום הללתיך[כא], חוץ מקדיש שאומרים לאחר קריאת התורה [לפי שאין קריאת התורה][10] נוהגת בכל יום. ואומר קדיש אחר תורה יתגדל ויתקדש ע"י שאז מתקדש שמו בעולם בתורה שבכתב. ותקנו הקדיש בבקר לפני ברכו לאחר פסוקי תהלים ויושע, אך ברכה אחת תקנו מלך מהולל בתשבחות ואינה הפסקה. ולאחר פסוקי תחנונים או ביום שאין תחנון לאחר פסוקי ברכת כהנים קדיש. ולאחר סדר קדושה פסוקים הם קדיש. וקדיש לפני תפילת ערבית ולאחר פסוקי ברוך ה' יום יום שבהם י"ח אזכרות כנגד י"ח ברכות שבתפילה, וברכת המלך אינה הפסקה. וכן

רלט. ואינו אומר קדיש אחר קריאת התורה שבמנחה.

כשקורין פרקי אבות אומר בסוף ר' חנניא בן עקשיא אומר עד יגדיל תורה ויאדיר ואומר קדיש. וכן אחר אין כאלהינו פטום הקטורת ה' יברך את עמו בשלום. וכן לאחר במה מדליקין. לכך בשבת בשחרית אחר הקריאה אומרים קדיש[כב], שרוצים להפסיק ולומר יקום פורקן. ואומרים קדיש לפני התפילה עוד לפי שאין עומדין להתפלל אלא מתוך כובד ראש ולא בולא כלום. ומה שאומרים קדיש ביום ב' וה' לאחר קריאה לפי שאין לומר קדיש עד לאחר סדר קדושה וזהו הפסקה. אבל במנחה שאין הפסקה בינתים אומר קדיש לפני התפילה ולא לאחר קריאה[כג], על כן נדחה קדיש בקריאה עד לפני תפילה כי אין לעמוד בפתע פתאום להתפלל, עכ"ל:

[ח] ומתפללים אתה אחד[כד] משום שהקב"ה יחיד בעולמו וישראל גוי אחד בארץ ושבת יחידה בימים[כה]:

רמ. ומתפללים אתה אחד ואומר צדקתך.

[ט] כתב ר"ת [שו"ת ספר הישר סי' מה, ו][כו] שכתב רב שר שלום גאון מתא מחסיא שמה שאנו אומרים צדקתך במנחה בשבת היינו משום שתקנו לומר צדוק הדין שנפטר משה רבינו באותה שעה, וגם אין רגילין לעסוק בתורה בין שתי תפילות משום חכם שמת כל בתי מדרשות בטלים, אך אינו אסור אך למנהג בעלמא זכר פטירתו של משה רבינו ע"ה[כז]. ומיהו כל רבותינו שברינוס נוהגים לדרוש בין מנחה למעריב[כח].

והאי דכתב שמשה רבינו מת בשבת הכי נמי משמע ספ"ק דסוטה [יג, ב] דמסיק התם וילך משה ויהושע ויתיצבו באוהל מועד [דברים לא, יד] תנא אותה שבת של דיו זוגות היתה ניטלה רשות מזה ונתנה לזה. והכי נמי משמע בתנחומא [ואתחנן ו].

מיהו אני שמעתי מפי מורי ר' יהודה חסיד דלא איפשר לומר כן[כט] דתניא בסדר עולם [רבא פי"א] ואיתא נמי בירושלמי פרק במה מדליקין בשמונה ועשרים בניסן נפלה חומת יריחו ובו ביום שבת[11], וכפי זה יש לך לומר ע"כ שר"ח ניסן היה ביום ראשון, שאם תאמר שביום שני היה אם כן כ"ח בניסן ביום ראשון והספד אומר בשבת, אלא ודאי ר"ח ביום ראשון ומאחר שר"ח ניסן ביום ראשון ר"ח אדר בשבת נמצא שבעה בו יום ששי, ואמרינן פ"ק דמגילה [יג, ב] בז' באדר מת משה רבינו, הא למדת שמשה רבינו מת בערב שבת ולא בשבת[ל].

ואני המחבר מצאתי בפסיקתא בפרשת אתם נצבים[לא] דמסיק התם

9 ולא ביום טוב, אינו לפנינו. 10 לפי שאין קריאת התורה, נוסף ע"פ סידור הרוקח. 11 שבת, בכת"י פ: שבת היתה.

יח בספר הישר וכן הובא בשמו במנהיג הלכות שבת סי' לט כתב שהיה מקום לומר דההיא דמגילה קאי אשני וחמישי ולא על מנחה בשבת ולא נראה. יט תוס' שם, כ"כ הרוקח סי' נו ובספר התרומה סי' רכט. והראבי"ה סי' תקעה כתב דיש מפרשים דההיא דבמה מדליקין בדרשה בעלמא מיירי, ודוחק. כ תשובות רב נטרונאי גאון (אופק) תשובות פרשניות סי' תו, ובשו"ת חמדה גנוזה סי' צה. וכ"כ העיתים סי' קפא העיטור ח"ב (קט, א) והכל בו סי' כ בשם רב האי. כא כ"כ בשבלי הלקט סי' ח בשם הגאונים, וברוקח סי' שסב. כב בתשובות הגאונים החדשות סי' לה כתב שאומר את הקדיש אחר הפטרה. ובסידור רש"י סי' תיט ובהפרדס הגדול סי' ד כתב שאומר קדיש אחר קריאת התורה ועוד קדיש אחר ההפטרה. ועי' ספר העיתים סי' קפ ושבלי הלקט סי' עט. כג כ"כ הרוקח סי' נו שסב, במחזור ויטרי סי' צט וקלז, בסידור רש"י סי' תיט, בספר הפרדס עמ' שב, ובשבלי הלקט סי' עט. כד כ"כ בסדר רב עמרם גאון סדר תפילת המנחה, ולאפוקי מאותם האומרים הנח לנו ה' אלוקינו כי אתה אבינו וכו'. וכ"כ במחזור ויטרי סי' קלט וקסב, בסידור רש"י סי' תקיד, לקוטי הפרדס יח, ב, בסידור תפילה להרוקח סי' פד וקג, בשבלי הלקט סי' קכו, ובתשב"ץ סי' רלב. כה כ"כ התוס' בחגיגה ג, ב ד"ה ומי, בסידור רש"י שם, במחזור ויטרי סי' קסב וראה מה שפירש בסי' קלט. ובסידור תפילה להרוקח סי' קג. כו ובתוס' מנחות ל, א ד"ה מכאן. כז כ"כ בספר פרדס הגדול סי' ד, במחזור ויטרי סי' קמא, בהאורה ח"א סי' נט, ברוקח סי' נו, בספר חסידים (מרגליות) סי' שנו, ובשו"ת מהר"ם מרוטנבורג (פראג) סי' יא, ובהרא"ש פסחים פ"י סי"ג, ובמרדכי פרק ערבי פסחים ועוד רבים. ובשבלי הלקט שם כתב בשם רבינו שניאור טעם אחר והוא משום דקרבה השעה שחוזרין הרשעים להשפט בגיהנום. וכ"ה בהאגור סי' תי. כח ובספרים הנ"ל כתוב שאומרים פרקי אבות ושאר אגדות. כט אולם בספר חסידים (מרגליות) סי' שנו כתב שמשה מת בשבת. ל כ"כ התוס' במנחות ל, א ד"ה מכאן. וכ"כ הרוקח סי' נו ושבלי הלקט סי' קכז שיש קבלה שמשה רבינו נפטר בשבת אולם לא משמע כן בסדר עולם. וכן הובאה דעה זו בשבלי הלקט סי' עו. לא לפנינו בדברים רבה פרשה ט, ט.

אכן דעת כמה ראשונים שאין חובת קדיש על עצם קריאת התורה

ר"י מיגאש (אוצר הקדיש עמ' נא) שאומרים קדיש רק בימים שיש בהם הפטרה כדי להפסיק בין קריאת התורה לבין ההפטרה אבל על עצם הקריאה בתורה אין חובה לומר קדיש.

וכן בספר העתים (סימן קפ) ובארחות חיים (הלכות ר"ה אות ב) שיש מי שאומר דאין חובת קדיש על קריאת התורה שכן רק על התפילה שהוא מדברי סופרים תקנו לומר קדיש דדברי סופרים צריכין חיזוק יותר משל תורה

בזמן חז"ל היה נהוג שבימות החול (שני חמישי חנוכה פורים ר"ח חולו של מועד) וכן במנחה בשבת לא היו אומרים קדיש תיכף אחר קרה"ת כנהוג עכשיו, אלא בגמר הקריאה היו גוללים את הס"ת ומחזירו להיכל והש"ץ היה יורד לפני התיבה ואומר קדיש על קריאת התורה ואין בזה משום הפסק בין קריאת התורה לקדיש לפי שרק אז נסתיים סדר קריאת התורה.

אמנם בזמן הגאונים והראשונים הגהיגו לומר את הקדיש לפני גלילת ספר התורה כדי להסמיך את הקדיש לקראית הפסוקים (סדר רב עמרם גאון, סדר שני וחמישי וקריאת התורה סימן קא)

[אכן בשבת ויו"ט שיש בהם הפטרה בנביא נהגו גם בזמן חז"ל לומר קדיש תיכף בגמר קריאת התורה לפני המפטיר בנביא]

קדיש לפני השלמת מנין העולים[לט], וכאן נשלם מנין העולים בקריאת הרביעי בס״ת השני[מ].

יח. ולענין הנחת הס״ת הראשון על הבימה בשעת אמירת הקדיש [למנהג אשכנז] ראה לעיל (סעיף יג).

מנחה של שבת

יט. במנחה של שבת קורין שלשה עולים, ועל קריאה זו ישנה חובת קדיש כמו על כל קריאת התורה, אולם אין אומרים קדיש תיכף לאחר הקריאה, אלא מכניסים תחילה את הס״ת להיכל, והש״ץ אומר את הקדיש לפני התיבה, קודם שיתחילו הציבור תפילת שמו״ע.

והנה לעיל נתבאר (סעיף ב) שכן היה המנהג בזמן חז״ל בכל הימים שאין בהם הפטרה בנביא [דהיינו בשני וחמישי, בחנוכה ופורים, בר״ח וחוה״מ, ובמנחה של שבת], אולם בזמן הגאונים והראשונים הנהיגו שבימות החול אומרים קדיש תיכף לאחר קריאת התורה עוד לפני גלילת הס״ת.

אכן במנחה של שבת אומרים קדיש רק לאחר הכנסת ס״ת להיכל לפני תפילת שמו״ע[מא], שכן לעולם אין מתחילין תפילת שמו״ע בלא אמירת קדיש

לט. כן כתבו רבינו ירוחם (נתיב ה חלק ד) והאבודרהם (עמוד רכד) בשם תשובת הגאונים.

והנה התוספות והרא״ש כתבו (ראה לעיל הערה י) שבשעה שהתקינו לומר בשבת קדיש בין שבעת העולים למפטיר הוסיפו ותיקנו לסיים את קריאת הפרשה לפני קדיש "לפי שאין לומר קדיש באמצע ענין" (רא״ש מגילה פ״ג סימן ה), ואפשר שזהו גם הטעם שאין לומר קדיש לפני שנשלם מנין העולים.

מ. הבית יוסף (סימן תצ ד״ה וקורין) כתב כן בשם רבינו ירוחם (נתיב ה חלק ד) לענין חוה״מ פסח, וכן הוא באבודרהם (עמוד רסט), ונפסק להלכה במשנה ברורה (שם ס״ק י) ובכף החיים (שם ס״ק נה), והיינו טעמא גם בר״ח טבת שחל בחול (שערי אפרים שער ח סע״א).

שיטות הראשונים בטעם הדבר שבמנחה של שבת אומרים את הקדיש דקריאת התורה לפני התיבה

מא. דעה א. מקומו של הקדיש הוא לאחר חזרת ס״ת להיכל גם בימות חול. בתחילת הפרק נתבאר (סעיף ב) שבזמן חז״ל היה נהוג גם בימות החול שמכניסים את הס״ת להיכל, ולאחר מכן הש״ץ יורד לפני התיבה ואומר קדיש דקריאת התורה, אלא שבזמן הגאונים הנהיגו לומר קדיש תיכף לאחר קריאת התורה, ורק במנחה של שבת נהגו לומר את הקדיש לאחר החזרת ס״ת להיכל, מפני שאם

לפניה[מב], ועוד, לפי שעל ידי הקדיש ידעו הקהל שהגיע הש"ץ לפני התיבה ומתחילים תפילת שמר"ע[מג].

ומה שלא תקנו לומר קדיש תיכף לאחר קריאת התורה [כפי שאומרים קדיש לאחר קרה"ת בימות החול], וקדיש נוסף לפני תפילת שמר"ע [וכפי שאומרים קדיש קודם כל תפילה], לפי שאין לומר שני קדישים סמוכים זה לזה אלא אם יאמרו פסוקים לפני הקדיש השני. ובזמן הראשונים לא היו אומרים מזמורים בעת החזרת ס"ת להיכל[מד], ועל

יאמרו קדיש תיכף לאחר קריאת התורה לא יוכלו לחזור ולומר קדיש לפני תפילת שמר"ע, וכדלהלן.

וכן מובא בספר לקוטי הפרדס (דף יד ע"ב) "אבל בשבת במנחה ובשני ובחמישי שאין מפטירין בנביא, אין החזן אומר הקדיש מיד לאחר סיום קריאת התורה, אלא ממהר לגלול ספר תורה, ובא לפני התיבה ואומר קדיש וכו', ויש שיחזיקו לומר הקדיש לאלתר אחרי קריאת התורה קודם שגולל, ואף על פי שאין עושין כן בשבת במנחה" עכ"ל.

רעה ב. מאחרים את הקדיש דקריאת התורה לאמרו לפני התיבה. כן מצינו בחלק מספרי הראשונים, שבמנחה של שבת מאחרים את הקדיש של קריאת התורה לאמרה לפני שמר"ע.

וכפי שמובא בשו"ת הריב"ש (סימן שכא) "רק שבשבת במנחה וכן ביום הכפורים מאחרין לומר קדיש עד לאחר שיחזירו ס"ת למקומו, כדי לעמוד בתפילה מתוך הקדיש" עכ"ל, וכן מובא במחזור ויטרי (סימן קלו) רוקח (סימן שסב) אור זרוע (סימן פט) אבודרהם (עמוד קצו) ושו"ת הרשב"ש (סוף סימן תרו).

אולם לכאורה נראה שאין ביניהם מחלוקת, אלא שהראשונים הללו מיירי לפי מה שנהוג בזמנינו לומר תמיד קדיש תיכף אחר הקריאה, ואם כן במנחה של שבת מאחרים את הקדיש, ועיין בשו"ת דברי נחמיה (סוף סימן יט) ובשו"ת עולת יצחק (חלק ב סימן קלב).

רעה ג. הקדיש אינו על קריאת התורה אלא הוא רק בהקדמה לשמו"ע. לעיל (הערה א) הובאה דעת הרי"י מיגאש וראשונים נוספים שבימים שאין בהם הפטרה אין חובה לומר קדיש לאחר קריאת התורה, ואם כן במנחה של שבת לא נתקן הקדיש על קריאת התורה, כי אם כהקדמה לתפילת שמר"ע, וכפי שאומרים קדיש קודם כל תפילה.

מב. ראה לשונות הראשונים להלן (הערה מד).

מג. כן כתב הלבוש לענין מנחה של תענית ציבור (סימן תצב ס"א) "הקדיש הראוי להיות על קריאת ס"ת אומרים אותו לפני העמוד אחר הכנסת ס"ת, כדי להתפלל מיד אחריו תפילת שמר"ע, וזהו הטעם שאין אומרים אותו מיד אחר הקריאה כמו בשחרית, כדי שידעו העם שהגיע החזן לפני העמוד, ויתחילו להתפלל שמר"ע מיד אחר הקדיש" עכ"ל.

מד. הנה יסוד תקנת הקדיש הוא על פסוקים (ראה לעיל פ"א ס"א-ס"ב), ולכן אין לומר שני קדישים זה אחר זה אלא אם כן יאמרו פסוקים לפני הקדיש השני, והנה בזמן רבותינו הראשונים לא היו אומרים מזמורים בעת הכנסת ס"ת להיכל, ולא היה שום דבר להפסיק בו בין שני הקדישים.

פסוקי 'יהללו את שם ה' וכו' וירם קרן לעמו' וכו', אי אפשר לומר את הקדיש לפני תחילת שמו"ע, כי על פסוק אחד או שנים אי אפשר לומר קדיש[מח].

ולכן דחו את הקדיש דקריאת התורה לאמרו לפני התיבה.

וכפי שכתב הרוקח (סוף סימן שסב; ראה להלן "משנת הראשונים" סימן א) "בכל פעם אומר קדיש על המגדל אחר קריאת התורה, עד 'דאמירן', חוץ מן המנחה בשבת ומנחה יום הכיפורים ומנחה בתענית ציבור, אז אין אומר קדיש אחר קריאת התורה, מפני שסמוך לקריאת התורה מיד קודם שמתחילין להתפלל אומר קדיש, ואין דבר מפסיק בין קריאה לתפילה, אבל כשמפסיקין בינתיים, כגון יקום פורקן ואשרי [-לפני תפילת מוסף של שבת] אז אומר קדיש על המגדל עד דאמירן" עכ"ל (וראה גם לשון הרוקח לעיל פ"א הערה ז).

וכן כתב בשו"ת הריב"ש (סימן שכ) "בשבת במנחה וכן ביום הכיפורים מאחרין לומר קדיש עד לאחר יחזירו ס"ת למקומו, כדי לעמוד בתפילה מתוך הקדיש, שאם יאמרו קדיש מיד לאחר קריאת התורה לא יוכלו לחזור ולומר קדיש סמוך לתפילה על בלי מה" עכ"ל.

וכן כתב האבודרהם (עמוד קצו) "והטעם שאין שליח ציבור רגיל לומר קדיש במנחה בשבת אחר קריאת ס"ת וכו', אם אומר קדיש אחר קריאת ס"ת נמצא גומר תפילתו, וכשיורד לפני התיבה להתפלל ויאמר קדיש תחלה נמצא שאומר על חנם, ואם תאמר יעמדו ציבור ויתפללו, היאך יתכן הדבר, לכך נהגו שלא לומר קדיש אחר קריאת ס"ת בתיבה, עד שיחזיר התורה, ויעמוד ויאמר קדיש, ויתפללו הציבור" עכ"ל.

והנה בדברי הראשונים מבואר שבמנחה של שבת לא אמרו שום מזמור בין קריאת התורה לקדיש שלפני שמו"ע, ומשמע שאם אומרים מזמורים צריך לומר קדיש תיכף לאחר קריאת התורה וקדיש נוסף לפני שמו"ע [על פסוקי המזמורים], אמנם יש שכתבו שרק 'אשרי יושבי ביתך' נחשב להפסק לענין שני קדישים, וכפי שיתבאר בסוף הסעיף הבא (ולענין ההפטרה אם נחשבת להפסק ראה להלן סכ"ג ובהערות שם).

מח. הנה גם בזמן הראשונים היה נהוג לומר בעת הכנסת ס"ת להיכל פסוק 'יהללו את שם ה' וכו' הודו על ארץ ושמים' וכו' (כמובא בהערה הבאה), ואעפ"כ כתבו הראשונים שאין פסוקים המפסיקים בין קרה"ת לקדיש לענין שיוכלו לומר שני קדישים, וטעם הדבר, לפי שפסוק אחד או שנים אינם נחשבים להפסק.

וכן כתב המגן אברהם (סימן רצב ס"ק ב) "דפסוק אחד לא חשיב הפסק, מידי דהוי איהללו" עכ"ל, וביאר במחצית השקל (שם) "אין אומרים קדיש במנחה אחרי הקריאה, דאין דבר להפסיק בין קדיש שלאחר הקריאה ובין קדיש שלפני שמו"ע, והא איכא הפסק אמירת יהללו שאומרים בשעה שמכניסים ספר תורה להיכל, אלא על כרחך דפסוק אחד לא מיחשיב הפסק" עכ"ל.

ואף שיהללו הוא שני פסוקים אין זה נחשב להפסק, כי אם משלשה פסוקים ואילך, וכפי שכתב הכלבו (סימן ו) "טוב שיאמר פסוקי דתהלה או שאר פסוקים, עד שלשה או יותר, ואחר כך יאמר קדיש" עכ"ל.

כ. אבן בזמן גדולי האחרונים נתפשט המנהג בכל תפוצות ישראל שבעת החזרת ס״ת להיכלו אומרים פסוקים ומזמורים שונים [מו]**, ובמנחה של**

מקור מנהגי אמירת פסוקים ומזמורים בעת החזרת ס״ת להיכל

מו. מנהג ישראל שבעת החזרת ס״ת להיכל אומרים כמה פסוקים ומזמורים, וכדלהלן.

מנהג אשכנז - אומרים ׳יהללו וכו׳ וירם׳ וכו׳, ובשחרית בימות החול וביו״ט וכן במנחה של שבת ותעניות, אומרים מזמור ׳לה׳ הארץ ומלואה׳ (תהלים כד), ואילו בשחרית דשבת אומרים מזמור ׳הבו לה׳ בני אלים׳ (שם כט), ובין בימות החול ובין בשבת מסיימים בפסוקי ׳ובנוחה׳ (במדבר י, לו) ׳קומה ה׳׳ (תהלים קלב, ח-י) ׳כי לקח טוב׳ (משלי ד, ב) ׳עץ חיים היא׳ (שם ג, יח) ׳דרכיה דרכי נועם׳ (שם פס׳ יז) ׳השיבנו׳ (איכה ה, כא).

מנהג עדות המזרח - בימות החול אומרים ׳יהללו וכו׳ וירם׳ וכו׳, ׳ה׳ הוא האלקים בשמים ממעל׳ וכו׳ (ע״פ דברים ד, לט) ׳אין כמוך באלקים׳ (תהלים פו, ח) ׳השיבנו׳ (איכה ה, כא). ובשחרית דשבת, לאחר אשרי אומרים ׳ברוך ה׳ אשר נתן מנוחה׳ וכו׳ (מלכים א׳ ח, נו) ועוד כמה פסוקים, ובעת החזרת ס״ת להיכל אומרים מזמור ׳הבו לה׳ בני אלים׳, ׳שובה למעונך׳ וכו׳, ׳השיבנו׳ וכו׳, ובמנחה דשבת, לאחר קריאת התורה אומרים ׳מזמור שיר ליום השבת׳ (תהלים צב), ובעת החזרת ס״ת אומרים ׳יהללו׳ כבימות החול.

אולם פסוקים ומזמורים אלו אינם שווים בזמן תקנתם, שכן חלקם כבר מובאים בסידורי הגאונים ובספרי הראשונים, וחלקם נוספו רק בזמן גדולי האחרונים, וכדלהלן.

׳יהללו את שם ה׳׳ - ברוב הראשונים מובא רק פסוק יהללו, ראה סידור רב עמרם גאון (סימן ק) סידור רש״י (סימן קסה) מחזור ויטרי בשחרית דחול (סימן צב) ובשחרית דשבת (סימן קצ) ובמנחה דשבת (סימן קצט), רוקח (סימן נג וסימן שטב, ועיין שם סימן שיט טעם אמירת פסוק יהללו) ארחות חיים (סוף סדר תפילת שחרית של שבת) אבודרהם (סדר שחרית דחול עמוד קנ-קנא) ספר המנהגים לרבי אברהם קלויזנר (עמוד מז) ספר המנהגים לרבי אייזיק טירנא (עמוד יג; עמוד כה) מנהגות וורמייזא (בכל מקום שהזכיר החזרת ס״ת) לבוש (סימן תצב ס״א; סימן תקנט ס״ד; סימן תקפד ס״ד; ועוד) מלבושי יו״ט (סימן קמט ס״ק א) סידור הרב בעל התניא (סדר שחרית דחול ודשבת), ובכל אלו מובא רק פסוק יהללו, אולם מלבד פסוק זה לא נזכרו שום מזמורים או פסוקים נוספים לאמרם בעת הכנסת ס״ת להיכל.

פסוקים ומזמורים לשחרית דשבת - הטור (סוף סימן רפד) האבודרהם (עמוד קצב) וספר המנהיג (סימן מא) כתבו שמנהג ספרד לומר בשחרית דשבת מזמור ׳הבו לה׳ בני אלים׳ [לפי שמדובר בו מענין מתן תורה (זבחים קטז.) ובשבת ניתנה תורה, ועוד שכן שבע ברכות שבמוסף של שבת נתקנו כנגד שבע קולות שבמזמור זה (ברכות כט.)], וכן אומרים מפסוק ׳שאו שערים׳ (תהלים כד, ז) עד סוף המזמור [לפי שבשעה שהכניס שלמה המלך את הארון לבית קדשי הקדשים אמר פסוקים אלו (שבת ל.)], ובאבודרהם מוסיף שאומרים גם פסוקי ׳ברוך ה׳ אשר נתן מנוחה׳ וכו׳ (מלכים א׳ ח, נו), ׳יהללו את שם ה׳׳, ו׳שובה למעונך׳ (ולפלא שכיום אין נוהג בקרב עדות המזרח לומר פסוקי יהללו בשחרית דשבת, וכן פסוקי שאו שערים בימות החול).

שבת מנהג אשכנז לומר 'הללויה אודה ה'', 'הללויה אשרי איש' (תהלים קיא-קיב), ו'לה' הארץ ומלואה' (שם כד), ומנהג בני עדות המזרח לומר 'מזמור שיר ליום השבת' (שם צא)[מז], אלו ואלו מוסיפים פסוקים מלוקטים [למנהג אשכנז - 'ובנוחה יאמר', ולמנהג עדות המזרח - 'יהללו' עד 'השיבנו'].

ויש שכתבו להמנע מאמירת המזמורים הללו, לפי שאם יאמרו המזמורים צריך לומר קדיש אחד תיכף לאחר קריאת התורה, וקדיש נוסף לפני שמו"ע [על פסוקי המזמורים][מח].

במרוצת הדורות נתפשט המנהג באשכנז לומר בימות החול מזמור 'הבו לה' בני אלים', וכתב הב"ח (סימן רפד ג) שאין לאמרו כי אם בשבת, שכן הטור הביא מזמורים אלו רק בשבת (סימן רפד) ולא בימות החול (סימן קמט).

מזמורים בשחרית בימות החול - אמירת מזמור 'לה' הארץ ומלואה' אינה מוזכרת בראשונים כלל, ומובאת לראשונה בספר קצור של"ה (נדפס בשנת תפא) שעל דברי הב"ח הנ"ל כתב שבימות החול יאמרו מזמור 'לה' הארץ ומלואה' במקום מזמור 'הבו לה' בני אלים', וכן מובא בשערי אפרים (שער י סכ"ב-כ"ג ובפתחי שערים סמ"ד) פרי מגדים (סימן רצב ס"ק ב) משנה ברורה (שם; סימן קלד ס"ק ד) וסידור היעב"ץ.

פסוקי ובנוחה - פסוקים אלו לא נזכרו ברוב ספרי הראשונים, כי אם בכלבו (סימן לו) ובארחות חיים (סוף סדר תפילת שחרית של שבת) שכתבו שבשחרית דשבת אומרים 'יהללו' 'ובנוחה יאמר' (ויש לעיין אם נהגו כן גם בימות החול).

העולה מכל זה שבימי הראשונים היו אומרים בשעת החזרת ס"ת להיכל בימות החול ובמנחה של שבת רק פסוקי יהללו ולא שאר פסוקים ומזמורים, ובזה יובן מה שכתבו האחרונים (מגן אברהם סימן רצב ס"ק ב) שאם יאמרו קדיש תיכף לאחר קריאת התורה לא יוכלו לחזור ולומר קדיש לפני שמו"ע, שכן הם לא נהגו לומר מזמורים ופסוקים שיוכלו לחזור ולומר עליהם קדיש לפני שמו"ע, ואילו יהללו הם שני פסוקים בלבד ואינם נחשבים להפסק לפני קדיש.

ובפרי מגדים כתב (סימן רצב א"א ס"ק ב) שמזמור 'לה' הארץ ומלואה' אינו נחשב להפסק לפני קדיש, לפי שאינו מעיקר הדין (הובאו דבריו במשנה ברורה שם ס"ק ח), ולכאורה כוונתו דדוקא מזמורים שהם מחובת התפילה נחשבים כהפסק לפני קדיש, לפי שחשיבותם גורמת להם שהם כענין בפני עצמו המפסיק בין קדיש לקריאת התורה, אבל מזמורים שאינם מחובת התפילה אינם נחשבים להפסק.

מז. כן מובא בספר יפה ללב (חלק ב סימן רצב ס"ק ב) שו"ת בית דינו של שלמה (סימן א) וכבר נזכר באבודרהם (עמוד קצו).

הראשונים הסוברים שמזמורים הם הפסק לענין אמירת ב' קדישים

מח. כתב האבודרהם (שם) "ויש מקומות שנוהגין לומר במנחה בשבת אחר קריאת ספר תורה 'מזמור שיר ליום השבת', ולפי זה היה יכול לומר קדיש אחר קריאת ספר תורה, והקדיש האחר היה בא על המזמור" עכ"ל.

וכן כתב בשבלי הלקט (סימן עט) "אבל מנחה של שבת ומנחת תענית שאין בה

הפטרה ולא דבר אחר להפסיק בין שני הקדישין אין מקדישין לאחר קריאת התורה" עכ"ל, ומשמע שכל מזמור נחשב להפסק לענין אמירת שני קדישים.

ועל פי זה כתב בשערי אפרים (שער י פתחי שערים ס"ו) שבמנחה של שבת אין לומר מזמורי הללויה, לפי שהם מפסיקים בין קריאת התורה לקדיש שלפני תפלת שמו"ע, ומחייבים באמידת קדיש תיכף לאחר קריאת התורה, וכן כתב בערך לחם למהריק"ש (גליון השו"ע סימן רצב) דמהאי טעמא אין לומר מזמור שיר ליום השבת כמנהג עדות המזרח.

האם המזמורים נחשבים להפטרה שאינה הפסק לענין ב' קדישים

וליישב מנהגן של ישראל כתבו הבי"ד של שלמה (סימן א) ולקוטי מהרי"ח (סדר מנחה של שבת) על פי מה דאיתא בגמרא (שבת כד.) שביו"ט שחל בשבת המפטיר בנביא במנחה אין צריך להזכיר של יו"ט, וברש"י (ד"ה המפטיר) כתב בשם תשובת הגאונים "שהיו רגילים לקרות בנביא בשבתות במנחה עשרה פסוקים, ובימי פרסיים גזרו שמד שלא לעשות, וכיון שנסתלקו נסתלקו" עכ"ל, אך התוס' (ד"ה שאלמלא) הקשו הא בגמרא איתא (מגילה כא.) שבשבת במנחה אין מפטירין בנביא, ועל כרחך כוונת הגמרא שהיו מפטירין בכתובים.

והנה דעת רוב הראשונים דההפטרה לא חשיבא הפסק לענין שני קדישים לפי שהיא טפילה אל קריאת התורה ובטילה אליה (ראה להלן סעיף כג ובהערות שם), ועל פי זה כתבו האחרונים הנ"ל דמזמורי תהלים שאומרים במנחה של שבת הם כעין ההפטרה בכתובים שהיתה נהוגה בזמן חז"ל, ולא חשיבא הפסק.

ובלקוטי מהרי"ח הוסיף דהנה במזמורי הללויה ישנם עשרה פסוקים, והרי זה מכוון למה שכתב רש"י שההפטרה בכתובים היתה עשרה פסוקים, וכלשונו "וכפי הנראה שזה היה המפטיר של מנחה, ועוד דבכתובים אין לכל שבת מעין הפרשה" עכ"ל.

אמנם יש לציין שבתשובות הגאונים מפורש שההפטרה במנחה של שבת היתה בנביאים ולא בכתובים.

שכן זה לשון תוס' רי"ד (ספר המכריע סימן לא) "מצאתי כתוב בתשובות רב נטרונאי גאון וצוק"ל, ששאלתם, מה הן מפטירין בנביא בשבת במנחה. [תשובה.] בדורות הראשונים כשהיו קורין בתורה בשבת היו מפטירין בספר ישעיה הנביא, וכולן בנחמות שבו, ולא היו מוסיפין על עשרה פסוקים. ובשני פרסיים גזרו שלא להפטיר, וכיון שנסתלקו נסתלקו" עכ"ל.

וכן כתב בספר העתים (סימן קפא) "אבל חזי לן לרבינו האי גאון דלא סבר לה הכי, ואלו הן תורף דבריו וכו', שמנהג היה בתחילה במקומות הרבה שמפטירין במנחה בשבת, ועדיין יש ספרי אפטרתא שיש בהם ענין למנחה לכל [ה]שנה, וקורין לה 'נחמתא', אחר אפטרתא בשחרית כותבין 'נחמתא בישעיה' 'נחמתא בירמיה', ויש מקומות בארץ עילם ואיי הים של פרס שרגילין בה עד עכשיו" עכ"ל (ועיין חידושי הרשב"א מגילה כא: ד"ה מתני).

הרי לנו עדות מפורשת מפיהם של הגאונים שההפטרה במנחה של שבת היתה בנביאים (ובמדומה שלשון רש"י בשם תשובת הגאונים הוא קיצור לשון ספר המכריע בשם רב נטרונאי גאון), ואם כן אי אפשר שמזמורי הללויה היו ההפטרה בכתובים.

אולם מנהג ישראל לומר המזמורים הללו ואעפ״כ אומרים קדיש רק לאחר הכנסת ס״ת להיכל, ונראה שמנהג זה מיוסד על דעת כמה ראשונים שדוקא מזמור 'אשרי יושבי ביתך' נחשב להפסק בין קריאת התורה לקדיש, שכן לשון ישיבה מורה על עכבה ושהייה, אבל שאר מזמורים אינם נחשבים להפסק לפני קדיש, ולכן הקדיש שלפני שמו״ע עולה על קריאת התורה[מט].

כא. מנהג ליובאוויטש שבמנחה של שבת מתחיל הש״ץ לומר את הקדיש לפני התיבה כאשר הגולל עומד קרוב לסוף גלילת הס״ת, וממהרים בגלילת הס״ת ואמירת יהללו והחזרת הס״ת, באופן שיסיים הש״ץ את אמירת הקדיש לאחר הכנסת ס״ת להיכל, ועכ״פ יש להסמיך את הקדיש לתפילה ככל האפשר[נ].

מט. כן מובא בארחות חיים (סדר תפילת מנחה של שבת), וכן כתב הכלבו (סימן מ) "ואין אומרים קדיש אחר קריאת התורה כמו שעושין בשחרית, והטעם, כי בשחרית אומרים אותו לפי שאומרים 'אשרי' אחר הגלילה, ולשון 'אשרי יושבי' משמע לשון שהייה ועכוב, כמו שאמרו ז״ל (ברכות ל:) 'חסידים הראשונים היו שוהין שעה אחת ומתפללין, שנאמר (תהלים פד, ה) 'אשרי יושבי ביתך' והדר 'יהללוך סלה', וכדי שלא ישהו כל כך אחר קריאת התורה קודם הקדיש אומרים אותו אחר קריאת התורה, אבל במנחה שאין אומרים כלום בין קריאת התורה לתפילה די לנו בקדיש אחד שלפני התפילה, והוא הדין למנחה של תענית שקורין 'ויחל' שאין אומרים קדיש עד לפני התפילה" עכ״ל.

והנה הכלבו כתב 'אבל במנחה שאין אומרים כלום', אכן בספר יפה ללב כתב (חלק ב סימן רצב ס״ק ב) שגם מזמורי הללויה או מזמור שיר ליום השבת אינם נחשבים להפסק לענין אמירת שני קדישים, שהרי במזמורים אלו אין לשון הוראה לעכוב ושהיה כמו במזמור אשרי (ועיין בלשון הלבוש סימן רצב ס״א; סימן תצב ס״א).

מנהג לומר שני קדישים במנחה של שבת

מנהג נוסף מובא בארחות חיים (הלכות קריאת ס״ת אות מג) שבמנחה של שבת לאחר קריאת התורה היו אומרים קדיש ומחזירין ס״ת למקומו [כמו בימות החול], ולאחר מכן היו אומרים פסוק ואני תפילתי [דלא כמנהגינו לאמרו לפני קרה״ת], ואומרים קדיש לפני שמו״ע.

ומשמע שגם פסוק אחד נחשב להפסק לענין אמירת שני קדישים, אולם יתכן שבצירוף פסוקי 'יהללו וכו' וירם' וכו' יש ג' פסוקים ואפשר לומר עליהם קדיש.

שער הכולל - להכניס ס״ת לארון הקדש דוקא לאחר קדיש

נ. בספר שער הכולל כתב (פכ״ט ס״ד; נדפס בספרי שולחן ערוך הרב מהדורת עוז והדר) "ידוע בבירור שלמעשה הנהיג אדמו״ר [-בעל התניא] בשבת במנחה, תיכף אחר הקריאה בס״ת כשהש״ץ הולך להתיבה להתחיל קדיש מגביהין הס״ת, והש״ץ בבואו אל התיבה מתחיל מיד קדיש, ובסיום הקדיש עומדין כל הציבור תיכף להתפלל, לבד השמש והגולל מחזיקין ס״ת על הבימה, עד כדי שהמכניס

הס"ת להיכל לא יצטרך לעבור על האיסור שאסור לעבור כנגד המתפללין" עכ"ל.

ולכבוד מקחו של צדיק מן הראוי להאריך קצת בבירור מנהג זה שפרטיו עמומים במקצת, וגדולי חסידי ליובאוויטש עסקו בבירור דבריו בכמה אופנים.

בדברי שער הכולל נראה שהמנהג מורכב מן הפרטים דלהלן: א) תיכף לאחר קריאת התורה אומר הש"ץ קדיש לפני התיבה [כדי שלא להפסיק בין קריאת התורה לקדיש]. ב) תיכף בסיום הקדיש נעמדים כל הציבור להתפלל. ג) הגבהת הס"ת נעשית תוך כדי הליכת הש"ץ אל התיבה [ומסתיימת תוך כדי אמירת הקדיש].

ומה שכתב 'השמש והגולל מחזיקין את הס"ת על הבימה' וכו', נראה שהכוונה בזה שתיכף עם סיום הקדיש מכניסים את הס"ת להיכל באותה שעה שהקהל מתחילים תפילת שמו"ע, וזהו שיעור דבריו 'בסיום הקדיש עומדין כל הציבור תיכף להתפלל, לבד השמש והגולל מחזיקין ס"ת על הבימה [ומסיימין גלילתן], עד כדי שהמכניס הס"ת להיכל [צריך ליזהר ש]לא יצטרך לעבור על האיסור שאסור לעבור כנגד המתפללין' (עיין קצות השולחן סימן צא ס"ק ד), ואולי צריך להגיה 'יצטרך לא לעבור על האיסור'.

וכן נזכר מנהג זה בערוך השולחן (סימן רצב ס"ג) "ואחר חזרת ס"ת להיכל עומד הש"ץ ואומר קדיש והציבור מתפללין, והש"ץ חוזר התפילה בקול רם ואומרים קדושה, ויש שהש"ץ אומר קדיש, והצבור מתפללים קודם שמכניסים הס"ת להיכל, ואין כדאי לעשות כן, שהרי הנושא הס"ת עובר בפני המתפללין" עכ"ל, וביאור דבריו הוא כביאור דברי שער הכולל, ש'בסיום הקדיש עומדין כל הציבור תיכף להתפלל', ותוך כדי כך מכניסים ס"ת להיכל, ועל כן הקשה הערוך השולחן 'אין כדאי לעשות כן שהרי הנושא הס"ת עובר בפני המתפללין'.

ובטעם המנהג כתב בשער הכולל שהוא על פי מה שאמרו חז"ל (סוטה מט.) דעלמא קאי אקדושה דסידרא ואיש"ר דאגדתא, ובפרי עץ חיים איתא (שער הקדישים מהדורא בתרא) שגם קדיש דקריאת התורה הוא יהא שמיה רבא דאגדתא, נמצא שבשעת אמירת הקדיש דקריאת התורה וסדר קדושה נשפע שפע לקיום העולם, ולכן בין בימות החול ובין במנחה של שבת אין להכניס ס"ת להיכל עד לאחר סדר קדושה וקדיש דקריאת התורה, לפי שנעילת ההיכל היא כעבד שקיבל פרס מרבו שיוצא ונועל הדלת לאחריו (שולחן ערוך הרב סימן תרכג ס"ב), אלא שמכיון שהקדיש נתקן גם כהקדמה לשמו"ע מתחילין הקהל להתפלל תיכף אחר הקדיש, ורק הגולל והשמש עוסקין בהכנסת ס"ת להיכל (עיין שם עוד מה שהאריך בזה).

נמצא שלדבריו עיקר המנהג הוא לסגור דלתות ארון הקודש דוקא לאחר סיום הקדיש, ואין להקפיד כל כך אם הגלילה תהיה לפני קדיש (וכלשונו 'כשהש"ץ הולך להתיבה להתחיל קדיש מגביהין הס"ת'), כמו כן אין בדבריו הוראה ברורה לענין אמירת פסוק 'יהללו' בעת הכנסת ס"ת להיכל.

קצות השולחן - אמירת קדיש כשהס"ת עדיין בחוץ ולסיים ההכנסה לארון הקודש לאחר קדיש

בקצות השולחן כתב באופן אחר, וזה לשונו (סימן צא ס"ק ד) "אומר 'יהללו' והקהל עונים 'הודו' וכו', וכל אחד הולך לנשק הס"ת, ואם יאמר אז קדיש יהיה בלבול ולא ישמעו הקדיש כלל, וממתין [הש"ץ] עד שמגיע עם הס"ת אל ההיכל, ובעוד שפותח

...הנה, ומפני שקראו בתורה מקדישין, ומה שמפסיק בנתיים עד שיגלול ספר תורה לא חשיב הפסקה, וכולה סיומא אריכתא הוא, וכן בראשי חדשים ובחנוכה ובפורים ובמועדות שאין הפטרה לאחר קריאת התורה אין אומרים קדיש עד שיחזור ספר תורה למקומה" עכ"ל, נמצא שגם החזרת ס"ת למקומה אינה הפסק בין קריאת התורה לקדיש.

כ"ק הריי"צ מליובאוויטש - להתחיל באמירת קדיש לפני סיום הגלילה ולסיים קדיש לאחר הכנסת ס"ת לארוה"ק

כ"ק אדמו"ר הריי"צ מליובאוויטש זי"ע מסר שהמנהג שהש"ץ מתחיל לומר את הקדיש קרוב לסוף הגלילה, וממהרים בגלילת הס"ת ואמירת 'יהללו' והחזרת הס"ת באופן שיסיים הש"ץ את אמירת הקדיש לאחר הכנסת ס"ת להיכל, ועכ"פ יש להסמיך את הקדיש לתפילה ככל האפשר (שערי הלכה ומנהג חלק א עמוד רצה).

והנה לא נמסר לנו טעמו של דבר, אך יש לבאר שכשם שבקריאת התורה נוהגים לומר קדיש תיכף לאחר קריאת התורה [דלא כפי המנהג הקדום לומר קדיש לאחר הכנסת ס"ת

... וכן
המזרח מפטירים רק במנחה של ...
קדיש לפני קריאת המפטיר בתורה, שהרי עדיין לא ...
אין אומרים קדיש לאחר קריאת המפטיר בתורה לפני ההפטרה, לפי שצריך
לומר קדיש לפני תפילת שמר״ע, ואם יאמרו קדיש מיד לאחר קריאת התורה

להיכל], אם כן גם במנחה של שבת יש לנהוג כן, דלא שנא, אלא שבעת הגלילה אין אומרים ברכות לומר קדיש [וכפי שאין הפטורה בעת הגלילה, כדי שהמגביה והגולל יוכלו לשמוע הברכות כראוי (שו״ע סימן רפד ס״ז)], ולכן מתחילים באמירת הקדיש קרוב לסוף הגלילה, ולאחר מכן מסיימים את הכנסת הס״ת למקומו לפני סיום הקדיש, משום שתיכף בגמר אמירת הקדיש צריכים הכל לעמוד בתפילת שמו״ע, ולפי מנהג זה צריך להסמיך את הקדיש בין לקריאת התורה ובין לתפילת שמו״ע.

ואפשר שחילוקי המנהגים נתפשטו מכיון שאם אין מאריכים באמירת הקדיש נמצא שהחזרת ס״ת למקומו מסתיימת לאחר אמירת הקדיש, ולכן היו שהבינו שיש להסמיך את הקדיש לקריאת התורה, ולא אכפת לן שמכניסין ס״ת להיכל לאחר גמר הקדיש [וגם מצאו סמך לזה על פי פנימיות, כמובא בשער הכולל], ויש שהבינו שצריך להקפיד שאמירת הקדיש תהיה בשעה שס״ת מחוץ להיכל, שכן בזה ניכר שהקדיש קאי על קריאת התורה [ואין צריך להסמיכו ממש לקריאת התורה, כמובא בקצות השולחן], אבל האמת היא שצריך להסמיך את הקדיש בין לקריאת התורה ובין לשמו״ע.

נא. כגון אם הגיע לידם מפתח ארון הקודש רק לאחר התפילה (עיין משנה ברורה סימן קלה ס״ק א), או עשרה שלא שמעו קריאת התורה ומשלימים הקריאה אחר התפילה (וכדעת הרבה אחרונים ואכהמ״ל).

נב. כן כתב בקצות השולחן (סימן צא ס״ק ד) ״אם התפללו בלא ספר תורה, ואחר כך בא להם ס״ת וקוראין בו, מסתבר פשוט שצריכין לומר חצי קדיש אחר הקריאה קודם שמגביהין הס״ת, דהחצי קדיש שקודם התפילה קאי גם אקריאה, אבל בלא זה צריכין לומר קדיש על הקריאה עצמה״ עכ״ל, וכן מוכח בהגהות הגרעק״א על שו״ע (סימן תקנט ס״ד), ועיין בשו״ת קנין תורה (סימן קיג), ובספר תחנונים ידבר רא״ש (עמוד רל).

אמנם יש לעיין אם צריך לומר ׳חצי קדיש׳ וכפי שאומרים תמיד אחר קריאת התורה, או שצריך לומר ׳קדיש יהא שלמא׳ הנאמר תמיד בגמר הענין, וכפי שיתבאר לקמן (פ״י ס״ב).

נג. כמבואר בבית יוסף (סימן תקעה ד״ה ודברים אלו).

קדיש לאחר קריאת התורה בשבת

בכל הקדישים הללו נוהגים שאם יש בקהל יתום תוך י"ב חודש על אביו או על אמו, או בעל יארצייט, הוא אומר קדיש זה לעילוי נשמת אביו או אמו י"ד.

קדיש לאחר קריאת התורה

ט. בזמן רבותינו הראשונים היה המנהג הפשוט בכל תפוצות ישראל שהקדיש לאחר קריאת התורה נאמר על ידי השליח ציבור

קדיש 'יהא שלמא' וקדיש 'על ישראל' שוים לענין שייכותם ליתומים

יד. הנה בפי רבים נקרא 'קדיש יהא שלמא' בשם 'קדיש יתום', ואילו 'קדיש על ישראל' מכונה בשם 'קדיש דרבנן', ומזה נמשך שהרבה סבורים שרק 'קדיש יהא שלמא' הנאמר אחר המזמורים יש לו שייכות ליתומים, ואילו 'קדיש דרבנן' הנאמר אחר תורה שבעל פה אין לו שייכות ליתומים.

אולם הדבר אינו נכון, שכן עפ"י מנהג אשכנז הקדום ה'קדיש יתום' היה קדיש לאחר תורה שבעל פה [אחר 'במה מדליקין' 'פיטום הקטורת' פרקי אבות והדרשות], כמו שכתב בשו"ת מהרי"ל (חדשות סימן כח; הובאו דבריו לקמן "משנת הראשונים" סימן ד) "נשאל גדול הדור מוהר"ר יעקב מולין איך המנהג ב'קדיש יתום' וכו'. [תשובה.] הקדיש הזה נתקן אחר פסוקי **ד'אמר רבי אלעזר אמר רבי חנינא'**, ואחר שיר המעלות, וכן אחר הדרשות וכו', אבל קדיש זה לאו דבר שבחובה הוא, הלכך יכולין קטנים לאמרו" עכ"ל.

ושמע מינה שהקדישים הניתנים ליתומים הם כל הקדישים היתירים על שבעת הקדישים שבחובה, בין 'קדיש יהא שלמא' ובין 'קדיש על ישראל', ושניהם שוים לענין שייכותם ליתומים.

כמו כן לדעת האריז"ל 'קדיש יתום' הוא 'קדיש בתרא' הנאמר בסיום שלשת התפילות לפני עלינו לשבח, בתפילת שחרית הוא 'קדיש על ישראל' הנאמר אחר 'פיטום הקטורת', ובתפילות מנחה וערבית הוא 'קדיש יהא שלמא' הנאמר אחר המזמורים, וכפי שכתב בשער הכוונות (דרושי הקדיש דרוש א) "פיטום הקטורת וכו', אמנם 'קדיש בתרא' [-'קדיש על ישראל' לפני עלינו לשבח] אינו מכלל הקדישים הנזכרים, לפי שכבר עלו כל העולמות, אמנם זה הקדיש נקרא 'קדיש יתמא', רוצה לומר קדיש שאומרים אותו היתומים" עכ"ל, נמצא שבין 'קדיש יהא שלמא' ובין 'קדיש על ישראל' הם קדיש יתום.

אמנם, יתכן שטעם הדבר שקוראים בזמנינו 'קדיש יתום' דווקא ל'קדיש יהא שלמא', מפני שבזמן ראשוני אשכנז לא היו אומרים בקדיש שלאחר תורה שבעל פה נוסח 'על ישראל ועל רבנן' כי אם 'קדיש יהא שלמא' בלבד (וכפי שיתבאר להלן פ"י ס"ח ובהערות שם), ואם כן הקדיש הנאמר על ידי היתומים היה רק 'קדיש יהא שלמא', ולכן קדיש זה היה מכונה בשם 'קדיש יתום'. ולימים התחילו בני אשכנז לומר 'על ישראל ועל רבנן' אחר לימוד תורה שבעל פה, וכדי לתת סימן היכר כינוהו בשם 'קדיש דרבנן', והותירו את הכינוי 'קדיש יתום' עבור 'קדיש יהא שלמא' כפי שהיה נהוג בתחילה, ומזה נשתרבב כאילו קדיש יהא שלמא יש לו שייכות עם היתומים יותר מקדיש דרבנן.

הקורא בתורה [ה'בעל-קורא'], וכן היה נהוג בין בארצות אשכנז וצרפת[טו],

מנהג צרפת ואשכנז שה'בעל קורא' אומר את הקדיש לאחר קריאת התורה

טו. הנה בזמן רבותינו הראשונים היה המנהג הפשוט בכל תפוצות ישראל שהקדיש לאחר קריאת התורה נאמר ע"י הש"ץ הקורא בתורה, ולא ע"י העולים, וכל שכן שלא ע"י היתומים.

שכן זה לשון רב עמרם גאון (סדר תפלת שבת סימן לב) "ולאחר סיום הפרשה מקדש חשליח [צבור] ומפטירין בנביא" עכ"ל.

וכן נהגו תלמידי רש"י, וכפי שכתב בספר לקוטי הפרדס (דף יד ע"א) "לאחר שקראו בתורה החזן **אומר** קדיש **אחרי** קריאת התורה וכו', ובשני וחמישי שאין מפטירין בנביא **אין** החזן **אומר** הקדיש עד לאחר סיום קריאת התורה, אלא ממהר לגלול ס"ת ובא לפני התיבה **ואומר** קדיש" עכ"ל (בענין מנהג אמירת קדיש בימות החול לאחר הגלילה ראה לעיל פ"ד ס"ב ובהערות שם).

וכן כתב במחזור ויטרי (סימן קכב) "בשבת קורין שבעה, ביום הכיפורים ששה, בפסח ועצרת וראש השנה וסוכות ושמיני עצרת קורין חמשה וכו', [ובכולן] החזן **אומר** קדיש עד 'דאמירן', ואחרי כן קורא המפטיר. בראש חדש ובחול של מועד קורין ארבעה, בתענית ציבור שחרית ובתשעה באב, בשני ובחמישי בחנוכה ופורים קורין שלשה, ובכולן החזן **אומר** קדיש קודם שיכרוך ספר תורה" עכ"ל.

וכן מצינו בספר הישר לרבינו תם (סימן מז אות ח) "נוהגין בפריש, ואנו אחריהן, לקרות שביעי בפרשת מוסף, **ואומר** חזן קדיש" עכ"ל.

וכן כתב הראב"י אב"ד מגדולי חכמי נרבונה (הובאו דבריו בבית יוסף סימן רפב; ראה להלן "משנת הראשונים" סימן ג) "אבל בשבת שיש בו שתי ספרי תורות, וכן ביום טוב, לא יקדיש החזן עד שיקרא המפטיר בספר תורה השני" עכ"ל.

וכן היה המנהג הפשוט בארץ אשכנז בזמן רבותינו הראשונים, וכפי שכתב בסידור הרוקח (פירושי סידור התפילה לרוקח סימן צו) "ולאחר קריאת ז' פרשיות **יאמר החזן** קדיש בתפיסת הגבהת התורה, כי אחר כל פסוק יש לומר קדיש" עכ"ל, והחזן הוא הקורא בתורה כמו שכתב (שם) "לפי שאין הכל בקיאין בפרשה, **וקורא חזן**, והקורא אחריו" (וכן כתב בספר הרוקח הלכות תענית סימן ריא).

וכן היה המנהג בזמנו של מהר"ם מרוטנבורג, וכפי שכתב הטור (סימן רפב) "כתב הר"מ מרוטנבורק שאם טעה **שליח צבור**, וסיים הפרשה עם הששי, **ואמר קדיש**, שאין צריך לקרות עוד אחר, **אלא** יקרא עם המפטיר מה שקרא עם הששי, **ויאמר** אחריו קדיש, שהרי מפטיר עולה למנין שבעה" עכ"ל הטור, וכן כתב הכלבו (סימן כ) "וכתב הר"ם נ"ע היכא שקראו ששה וסיימו את הסדר, **ואמר** קדיש **החזן**, שאינו צריך לקרות עוד אחר, אלא החזן **יאמר פעם אחרת** קדיש אחר המפטיר, כי המפטיר עולה למנין שבעה" עכ"ל (וכן הובא בתשב"ץ קטן סימן קצא), הרי שהשליח ציבור הקורא בתורה הוא אומר הקדיש.

וכן כתב רבינו ישעיה מטראני (פסקי ריא"ז מסכת מגילה פ"ד ה"ד) "ימים טובים של פסח ושל עצרת ושל ראש השנה ושל חג הסוכות, בכולן קורין חמשה בענין היום, **ואומר החזן** קדיש, ואחר כך **מוציאין** ספר תורה אחר, וקורא בו המפטיר במוספי היום" עכ"ל.

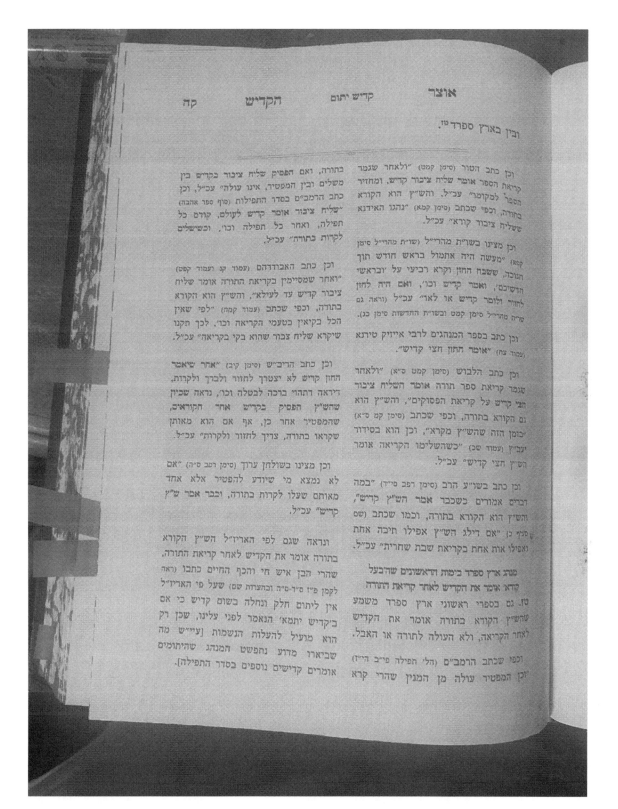

ובין בארץ ספרד[טז].

וכן כתב הטור (סימן קמט) "ולאחר שגמר קריאת הספר **אומר** שליח **ציבור** קדיש, ומחזיר הספר למקומו" עכ"ל, והש"ץ הוא הקורא בתורה, וכפי שכתב (סימן קמא) "נהגו האידנא ששליח ציבור קורא" עכ"ל.

וכן מצינו בשו"ת מהרי"ל (שו"ת מהרי"ל סימן קמא) "מעשה היה אתמול בראש חודש תוך חנוכה, ששבח החזן וקרא רביעי על 'ובראשי חדשיכם', **ואמר** קדיש וכו', **ואם** היה לחזן לחזור ולומר קדיש או לאו" עכ"ל (וראה גם שו"ת מהרי"ל סימן קמט ובשו"ת התדשות סימן כג).

וכן כתב בספר המנהגים לרבי אייזיק טירנא (עמוד עח) "**אומר** החזן חצי קדיש".

וכן כתב הלבוש (סימן קמט ס"א) "ולאחר שגמר קריאת ספר תורה **אומר** השליח **ציבור** חצי קדיש על קריאת הפסוקים", והש"ץ הוא גם הקורא בתורה, וכפי שכתב (סימן קמ ס"א) "בזמן הזה שהש"ץ מקרא", וכן הוא בסידור יעב"ץ (עמוד שכ) "כשהשלימו הקריאה אומר הש"ץ חצי קדיש" עכ"ל.

וכן כתב בשו"ע הרב (סימן רפב סי"ד) "במה דברים אמורים כשכבר **אמר** הש"ץ קדיש", והש"ץ הוא הקורא בתורה, וכמו שכתב (שם סעיף כ) "אם דילג הש"ץ אפילו תיבה אחת ואפילו אות אחת בקריאת שבת שחרית" עכ"ל.

מנהג ארץ ספרד בימות הראשונים שה'בעל קורא' אומר את הקדיש לאחר קריאת התורה

טז. גם בספרי ראשוני ארץ ספרד משמע שהש"ץ הקורא בתורה אומר את הקדיש לאחר הקריאה, ולא העולה לתורה או האבל.

וכפי שכתב הרמב"ם (הל' תפילה פי"ב הי"ז) "וכן המפטיר עולה מן המנין שהרי קרא בתורה, ואם **הפסיק** שליח **ציבור** בקדיש בין משלים ובין המפטיר, אינו עולה" עכ"ל, וכן כתב הרמב"ם בסדר התפילות (סוף ספר אהבה) "שליח **ציבור אומר** קדיש לעולם, קודם כל תפילה, ואחר כל תפילה וכו', וכשישלים לקרות **בתורה**" עכ"ל.

וכן כתב האבודרהם (עמוד קנ ועמוד קפט) "ואחר שמסיימין בקריאת התורה אומר שליח ציבור קדיש עד לעילא", והש"ץ הוא הקורא בתורה, וכפי שכתב (עמוד קמה) "לפי שאין הכל בקיאין בטעמי הקריאה וכו'. לכן תקנו שיקרא שליח צבור שהוא בקי בקריאה" עכ"ל.

וכן כתב הריב"ש (סימן קיב) "**אחר שאמר** החזן קדיש לא יצטרך לחזור ולברך ולקרות, דיראה דתהוי ברכה לבטלה וכו', נראה שכיון **שהש"ץ הפסיק בקדיש אחר הקוראים**, שהמפטיר אחר כן, אף אם הוא מאותן שקראו בתורה, צריך לחזור ולקרות" עכ"ל.

וכן מצינו בשולחן ערוך (סימן רפב ס"ה) "אם לא נמצא מי שיודע להפטיר אלא אחד מאותם שעלו לקרות בתורה, **וכבר אמר** ש"ץ קדיש" עכ"ל.

ונראה שגם לפי האריז"ל הש"ץ הקורא בתורה אומר את הקדיש לאחר קריאת התורה, שהרי הבן איש חי והכף החיים כתבו (ראה לקמן פ"ז ס"ד-ס"ה ובהערות שם) שעל פי האריז"ל אין ליתום חלק ונחלה בשום קדיש כי אם ב'קדיש יתמא' הנאמר לפני עלינו, שכן רק הוא מועיל להעלות הנשמות [עיי"ש מה שביארו מדוע נתפשט המנהג שהיתומים אומרים קדישים נוספים בסדר התפילה].

ולא היה נהוג שהעולה האחרון או היתומים אומרים קדיש זה[יז], וכפי שנתבאר שתקנו לתת ליתומים דוקא את הקדישים שאינם תקנת חז"ל[יח], אבל הקדיש לאחר קריאת התורה הוא חובת התפילה ותקנת חז"ל כמו שבעת הקדישים[יט].

אכן בדורות האחרונים נתפשט המנהג בהרבה מקומות במדינות אשכנז ופולין שהעולה האחרון הקורא בתורה, אם הוא אבל תוך י"ב חודש, או שיש לו יארצייט באותו היום, אומר את הקדיש לאחר קריאת התורה[כ], ויש שנהגו

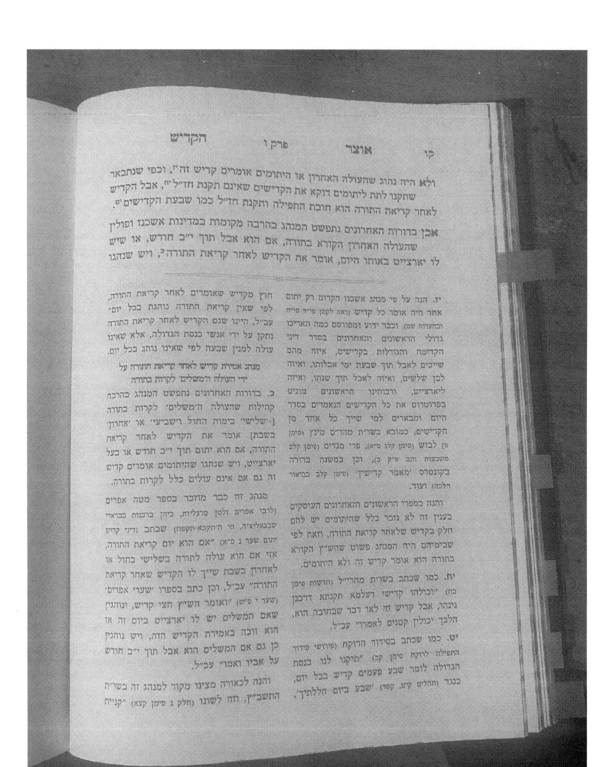

יז. הנה על פי מנהג אשכנז הקדום רק יתום אחר היה אומר כל קדיש (ראה לקמן פי"ד סי"ח ובהערה שם), וכבר ידוע ומפורסם כמה האריכו גדולי הראשונים והאחרונים בסדר דיני הקדימה והגודלות בקדישים, איזה מהם שייכים לאבל תוך שבעת ימי אבלותו, ואיזה לבן שלשים, ואיזה לאבל תוך שנתו, ואיזה ליארצייט, ורבותינו הראשונים מונים בפרוטרוט את כל הקדישים הנאמרים בסדר היום ומבארים למי שייך כל אחד מן הקדישים, כמובא בשו"ת מהר"ם מינץ (סימן פ) לבוש (סימן קלג ס"א), פרי מגדים (סימן קלב משבצות זהב ס"ק ב), וכן במשנה ברורה בקונטרס 'מאמר קדישין' (סימן קלב בביאור הלכה) ועוד.

והנה בספרי הראשונים והאחרונים העוסקים בענין זה לא נזכר כלל שהיתומים יש להם חלק בקדיש שלאחר קריאת התורה, וזאת לפי שבימיהם היה המנהג פשוט שהש"ץ הקורא בתורה הוא אומר קדיש זה ולא היתומים.

יח. כמו שכתב בשו"ת מהרי"ל (חדשות סימן כח) "וכולהו קדישי דעלמא תקנתא דרבנן נינהו, אבל קדיש זה לאו דבר שבחובה הוא, הלכך 'יכולין קטנים לאמרו'" עכ"ל.

יט. כמו שכתב בסידור הרוקח (פירושי סידור התפילה לרוקח סימן קב) "תיקנו לנו כנסת הגדולה לומר שבע פעמים קדיש בכל יום, כנגד (תהלים קיט, קסד) 'שבע ביום הללתיך', חוץ מקדיש שאומרים לאחר קריאת התורה, לפי שאין קריאת התורה נוהגת בכל יום" עכ"ל, היינו שגם הקדיש לאחר קריאת התורה נתקן על ידי אנשי כנסת הגדולה, אלא שאינו עולה למנין שבעה לפי שאינו נוהג בכל יום.

מנהג אמירת קדיש לאחר קריאת התורה על ידי העולה ה'משלים' לקרות בתורה

כ. בדורות האחרונים נתפשט המנהג בהרבה קהילות שהעולה ה'משלים' לקרות בתורה [-'שלישי' בימות החול ו'שביעי' או 'אחרון' בשבת] אומר את הקדיש לאחר קריאת התורה, אם הוא יתום תוך י"ב חודש או בעל יארצייט, ויש שנהגו שהיתומים אומרים קדיש זה גם אם אינם עולים כלל לקרות בתורה.

מנהג זה כבר מוזכר בספר מטה אפרים (לרבי אפרים זלמן מרגליות, כיהן ברבנות בבראדי שבגאליציה, חי ה'תקכא-תקפח) שכתב (דיני קדיש יתום שער ג ס"א) "אם הוא יום קריאת התורה, אזי אם הוא עולה לתורה בשלישי בחול או לאחרון בשבת שייך לו הקדיש שאחר קריאת התורה" עכ"ל, וכן כתב בספרו 'שערי אפרים' (שער י ס"ט) "ואומר הש"ץ חצי קדיש, ונוהגין שאם המשלים יש לו יארצייט ביום זה אז הוא זוכה באמירת הקדיש הזה, ויש נוהגין כן גם אם המשלים הוא אבל תוך י"ב חודש על אביו ואמו" עכ"ל.

והנה לכאורה מצינו מקור למנהג זה בשו"ת התשב"ץ, וזה לשונו (חלק ג סימן קצא) "קניית

שהיתומים אומרים את הקדיש גם אם לא עלו לקרוא בתורה[כא], וכן נהוג כיום

המצוות, אין אני מתיר בכאן לקטן אלא לקנות ההפטרה שאינה מענין המאורע, אבל כשהיא מענין המאורע, וזה ביום שמוציאין שתי תורות, אני משתדל שיהיה המפטיר גדול, שאין מי שאינו מחוייב בדבר מוציא את הרבים ידי חובתן, וכן כתב בעל המנהיג בשם רבינו תם ז"ל בהלכות חנוכה (ראה להלן 'משנת הראשונים' סימן ט אות יח אודות דעת ר"ת, וראה עוד שם אות כג בדברי ספר המנהיג בדעת ר"ת), **אבל לקדיש בתורה ולתפילת ערבית ליל מוצאי שבת איני מתיר עד שיהיה גדול**, וכן הוא בגמרא (מגילה כד.) בפרק הקורא את המגילה" עכ"ל התשב"ץ.

וכתב בשו"ת 'אגודת אזוב מדברי' (סימן ז) שמדברי התשב"ץ מוכח שהש"ץ הקורא בתורה אינו אומר את הקדיש, שכן אם הש"ץ היה אומר את הקדיש פשיטא שהקטן אינו יכול לומר קדיש זה, שכן קטן אינו יכול להיות הש"ץ לקריאת התורה [שהרי אם הקטן אינו יכול לקרות בס"ת השני בד' פרשיות, כל שכן שאינו יכול להיות לקרות את כל הפרשה בס"ת הראשון], ועל כרחך שהעולה לתורה הוא אומר את הקדיש, וסבירא ליה להתשב"ץ שהקטן יכול לעלות בס"ת הראשון להשלים מנין העולים, ורק לס"ת השני אינו יכול לעלות לבדו להוציא את הרבים (עיין שו"ת התשב"ץ חלק א סימן קלא), ולכן הוצרך התשב"ץ לתקן שהקטן לא יאמר את הקדיש לאחר קריאת התורה.

וזה לשון ה'אגודת אזוב מדברי' (שם) "הנה הייתי חוכך לומר שהקדיש לאחר קריאת התורה יהיה דוקא בגדול שיש עליו חיוב מצות, ולא בקטן, ושהאבלים שאסורים בדברי תורה אין להם לומר קדיש זה, ושוב מצאתי כפירוש בתשב"ץ (חלק ג סימן קעא) שכתב שהקדיש הזה יהיה בגדול דוקא, ונתנה שמחה בלבי. ובאבלים דעתי נוטה דמטעם שאסורים בדברי תורה אין להם לומר קדיש זה, כמו קטנים קודם י"ג שנים, ואין מצטרפין לעשרה לקריאת התורה, ועדיין צ"ע. ועכ"פ למדתי עוד מדברי התשב"ץ שאין הקדיש **שאחר קריאת התורה שייך להש"ץ או הקורא דוקא, כי אם להאבלים**, דאי הוה שייך להש"ץ או להקורא בלאו הכי לא היה אפשר להיות בקטן, ומטעם ששייך לאבלים בשביל כבוד התורה, ודלא ליתי לאבלים לאנצויי, **אני נותן לאמרו לזכות נשמת מי שמגיע לו הקדיש** על פי הדין האמיתי" עכ"ל.

נמצא שהקדיש לאחר קריאת התורה שייך לעולה לתורה, ולכן יאמרוהו יתומים תוך י"ב חודש [אמנם אבלים בתוך שבעת ימי אבלותם אינם יכולים לומר קדיש זה, לפי שאינם יכולים לקרוא בתורה].

אכן יש לציין שבמהדורה החדשה של שו"ת התשב"ץ (מהדורת מכון ירושלים) מובא שבכתבי היד של שו"ת התשב"ץ כתוב בזה"ל "אבל לק' בתורה ולתפילת ערבית", ועל פי זה כתבו [בהערות שם] שיתכן שאין כוונת התשב"ץ 'לקדיש בתורה', אלא הכוונה היא 'לקרות בתורה', וכפי מטבע הלשון השגור לרוב בפיהם של רבותינו הראשונים, והכוונה שהקטן אינו יכול לשמש כש"ץ לקרות בתורה, אבל לא מיירי כלל מענין אמירת הקדיש.

אמירת הקדיש על ידי היתומים גם אם אינם קוראים בתורה

כא. הנה בשו"ת אגודת אזוב מדברי דן לענין אמירת קדיש אחר קריאת התורה על ידי האבלים בשבעת ימי אבלותם, וכתב בזה"ל (שם) "דמטעם שאסורים בדברי תורה אין להם

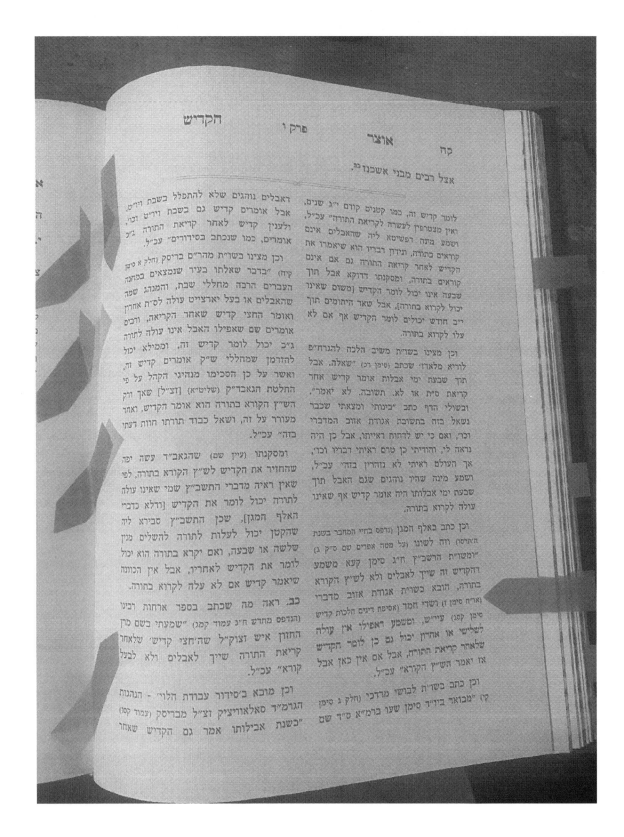

אצל רבים מבני אשכנז[כג].

לומר קדיש זה, כמו קטנים קודם י"ג שנים, ואין מצטרפין לעשרה לקריאת התורה" עכ"ל, ושמע מינה דפשיטא ליה שהאבלים אינם קוראים בתורה, ונידון דבריו הוא שיאמרו את הקדיש לאחר קריאת התורה גם אם אינם קוראים בתורה, ומסקנתו דדוקא אבל תוך שבעה אינו יכול לומר הקדיש [משום שאינו יכול לקרוא בתורה], אבל שאר היתומים תוך י"ב חודש יכולים לומר הקדיש אף אם לא עלו לקרוא בתורה.

וכן מצינו בשו"ת משיב הלכה להגרח"פ לוריא מלאדז' שכתב (סימן רכ) "שאלה. אבל תוך שבעת ימי אבלות אומר קדיש אחר קריאת ס"ת או לא. תשובה. לא יאמר". ובשולי הדף כתב "בינותי ומצאתי שכבר נשאל בזה בתשובת אגודת אזוב המדברי וכו', ואם כי יש להחות ראייתו, אבל כן היה נראה לי, והוריתי כן טרם ראיתי דבריו וכו', אך העולם ראיתי לא נזהרין בזה" עכ"ל, ושמע מינה שהיו נוהגים שגם האבל תוך שבעת ימי אבלותו היה אומר קדיש אף שאינו עולה לקרוא בתורה.

וכן כתב באלף המגן (נדפס בחיי המחבר בשנת התרס"ו) וזה לשונו (על מטה אפרים שם ס"ק ג) "ומשו"ת הרשב"ץ ח"ג סימן קעא משמע דהקדיש זה שייך לאבלים ולא לש"ץ הקורא בתורה, הובא בשו"ת אגודת אזוב מדברי (או"ח סימן ז) ושדי חמד (אסיפת דינים הלכות קדיש סימן קסג) עיי"ש, ומשמע דאפילו אין עולה לשלישי או אחרון יכול גם כן לומר הקדיש שלאחר קריאת התורה, אבל אם אין כאן אבל אז יאמר הש"ץ הקורא" עכ"ל.

וכן כתב בשו"ת לבושי מרדכי (חלק ג סימן ק) "מבואר ביו"ד סימן שעו ברמ"א ס"ד שם דאבלים נוהגים שלא להתפלל בשבת ויו"ט, אבל אומרים קדיש גם בשבת ויו"ט וכו', ולענין קדיש לאחר קריאת התורה ג"כ אומרים, כמו שנכתב בסידורים" עכ"ל.

וכן מצינו בשו"ת מהר"ם בריסק (חלק א סימן קיח) "בדבר שאלתו בעיר שנמצאים במחנה העברים הרבה מחללי שבת, והמנהג שמה שהאבלים או בעל יארצייט עולה לס"ת אחרון ואומר החצי קדיש שאחר הקריאה, ורבים אומרים שם שאפילו האבל אינו עולה לתורה ג"כ יכול לומר קדיש זה, וממילא יכול להזדמן שמחללי ש"ק אומרים קדיש זה, ואשר על כן הסכימו מנהיגי הקהל על פי החלטת הגאבד"ק (שליט"א) [זצ"ל] שאך ורק הש"ץ הקורא בתורה הוא אומר הקדיש, ואחד מעורר על זה, ושאל כבוד תורתו חוות דעתי בזה" עכ"ל.

ומסקנתו (עיין שם) שהגאב"ד עשה יפה שהחזיר את הקדיש לש"ץ הקורא בתורה, לפי שאין ראיה מדברי התשב"ץ שמי שאינו עולה לתורה יכול לומר את הקדיש [ודלא כדברי האלף המגן], שכן התשב"ץ סבירא ליה שהקטן יכול לעלות לתורה להשלים מנין שלשה או שבעה, ואם יקרא בתורה הוא יכול לומר את הקדיש לאחריו, אבל אין הכוונה שיאמר קדיש אם לא עלה לקרוא בתורה.

כב. ראה מה שכתב בספר ארחות רבינו (הנדפס מחדש ח"ג עמוד קמג) "שמעתי בשם מרן החזון איש זצוק"ל שה'חצי קדיש' שלאחר קריאת התורה שייך לאבלים ולא לבעל קורא" עכ"ל.

וכן מובא ב'סידור עבודת הלוי' - הנהגות הגרמ"ד סאלאווייציק זצ"ל מבריסק (עמוד קסו) "בשנת אבילותו אמר גם הקדיש שאחר

אמנם אצל רוב קהילות החסידים נשאר המנהג הקדום שקדיש זה אינו נאמר כלל על ידי היתומים כי אם על ידי ה'בעל-קורא'[כג], ויש שנהגו שאם העולה האחרון הוא יתום תוך י"ב חודש או בעל יארצייט הוא אומר הקדיש[כד].

י. בקרב בני עדות המזרח נתפשט המנהג בדורות האחרונים שה'משלים' לקרות בתורה אומר את הקדיש לאחר קריאת התורה, ולא השליח ציבור הקורא בתורה. ויש שנהגו שהמשלים אומר את הקדיש רק אם אין לו

קריאת התורה", והנה אף שהיה עולה לתורה בקביעות (כמובא שם) אולם הלוא היה מבני שבט הלויים, והיה עולה שני ולא שלישי, ונמצא שאמר את הקדיש מדין אבל ולא מדין עולה לתורה.

ובשמו של הגרש"ז אויערבאך מובא (הליכות שלמה ח"א פי"ב סכ"ז) "הקדיש שלאחר קריאת התורה לא יאמרנו האבל אלא הקורא, אבל אם עלה האבל אחרון יוכל לאמרו, ויכוין לעילוי נשמת מתו ונשמות כל שאר המתים" עכ"ל.

וכן כתב בשו"ת שבט הלוי (חלק ח, סימן קסג אות ג) "בספר שדי חמד דיני קדיש חלק ה' סימן קסג כתב בשם תשובת אגודת אזוב ומתשובת תשב"ץ סימן קעא דקדיש זה שייך באמת לאבלים ולא לש"ץ הקורא בתורה דוקא, והובא בעוד אחרונים, **ואם אמנם לא ראיתי** בקהילות שינהגו בדוקא כן, **אבל מי שנוהג שפיר נוהג**" עכ"ל.

כג. כן הוא המנהג ברוב קהילות החסידים.

וראה מה שכתב בשו"ת מהר"ם בריסק (שם) "ופוק חזי ברוב הקהילות הישנות, אשר מנהגיהם בנוי על יתדות ומסמרות נטועים, הש"ץ אומר הקדיש" עכ"ל.

וכן כתב הרה"ק רבי שלום מקוידינוב זי"ע בעל "משמרת שלום" בהערה לספר "מדרש פנחס החדש" (עמוד צט) "קדיש שאחר קריאת התורה אמרו [אבוה"ק לבית קארלין] הם בעצמם כשהיו קוראים, וכשהיה קורא אחר אמר הקורא את הקדיש, ולא נתנו לאבלים או לבעל יארצייט לומר את הקדיש" עכ"ל.

יש לציין שמנהג בעלזא שבימות החול הש"ץ הקורא בתורה אומר את הקדיש, אבל בשבתות וימים טובים הגבאי המכריז את העליות הוא אומר את הקדיש (ראה שו"ת דברי פנחס ח"א סימן יט אות יב; הליכות הצדיקים עניני קריאת התורה עמוד שלו), ומקור מנהג זה מכיון שאדמור"י בעלזא נהגו לקרות בתורה בשבת ויו"ט, והם נמנעו מאמירת הקדיש (הרה"צ רבי זלמן שפירא שליט"א בשם זקינו הגה"צ מנאראל זצוק"ל).

כד. כן הוא מנהג ליובאוויטש, וכפי שכתב בקצות השלחן (סימן פד ס"ק ד) "נוהגין שאם המשלים יש לו יארצייט ביום זה אז הוא זוכה באמירת הקדיש הזה, ויש נוהגין גם אם המשלים הוא אבל תוך י"ב חודש על אביו ואמו" עכ"ל, וכן כתב בספר המנהגים - חב"ד (עמוד 15) "אבל וכן בעל יארצייט, כשחל היארצייט ביום הקריאה, משתדל לומר החצי קדיש שאחרי קריאת התורה" עכ"ל (ועיין בתורת מנחם - רשימות היומן עמוד תעא).

אב ואם, אבל אם אביו ואמו קיימים הוא אינו אומר הקדיש אלא נותן לאחר לאומרו [ולא לש"ץ הקורא בתורה][כח].

יא. מנהג בני תימן שהעולה המסיים קריאת התורה הוא אומר את הקדיש[כט], ומנהג זה עולה יפה על פי מנהג בני תימן הנמשך עד לדורותינו שהעולה לתורה קורא בעצמו קריאת התורה[ל] [ולא כמנהג אשכנז וספרד שהש"ץ קורא בתורה], ואם כן העולה נחשב כש"ץ, והקדיש שייך לו בלבד ולא לזולתו.

חובת אמירת קדיש כשאין יתום

קדיש יהא שלמא

יב. **אם** אין בביהמ"ד יתום תוך שנתו אין בזה כדי לפטור את הציבור מחובת

כח. ראה מה שכתב בשו"ת קרית חנה דוד (ח"א סימן כו) "שהם היו נוהגין שהמקדיש הוא הש"ץ, כדכתב בלשונו הריב"ש (ראה לשונו לעיל הערה טז) ומרן ז"ל (סימן רפב ס"ה) 'וכבר אמר הש"ץ קדיש' וכו', אבל בבאן שנהגו שמי שעולה להשלים הוא המקדיש" עכ"ל.

אמנם ראה מה שכתב בספר ויקרא אברהם (קונטרס אבר שומר אות נג) "קדיש שאחר קריאת ס"ת שייך להש"ץ ולא להעולה, כן משמע מתשובת מהר"ם הובאה במרדכי בפרק הקומץ (מרדכי סימן תתקסט), ופסקה הטור שו"ע סימן רפב (שם), וכן נמי מוכח בלשון הרמב"ם ז"ל בפי"ב מהלכות תפילה (ראה לעיל הערה טז) וכן מצאתי בספר (ה)חיים' הנדפס מחדש למופת הדור מהר"ח פאלאג'י, והוכיח כן מהריב"ש (ראה לעיל הערה טז). ונראה דאם כיבד הש"ץ להעולה לקרות בעצמו נראה דהקדיש בכלל, וכן ראיתי במערב הפנימי דש"ץ הוא האומר קדיש ולא העולה, ופעם אחת קפצתי אני שהייתי עולה ואמרתי קדיש, והקפיד הש"ץ בזה, ואני כתומי אלך, יען כארצות החיים ששם נתגדלתי אין שם קפידא בזה, פעם אומרו הש"ץ פעם העולה, וכפה העדה לארץ גיסא, לעולם אינו אומרו כי אם העולה לבד, וכשהעולה אביו או אמו קיימים יש להם ניחוש בזה, ורוצו לש"ץ לאומרו" עכ"ל.

והבן איש חי כתב (שו"ת תורה לשמה סימן תכב) "מי שקנה עליית המפטיר בספר שני, אך הוא יש לו אב ואם בחיים, ואינו רוצה לומר קדיש, דקפדי בזה, ורוצה הש"ץ לומר הקדיש, והגבאי רוצה לכבד אחד מראשי הקהל שהוא יאמר, יורנו המורה הדין עם מי ושכרו כפול מן השמים. תשובה. הקדיש זכיה בו אביו או רבו של אותו שקנה העלייה של המפטיר, ואם לא הוו אביו או רבו בבית הכנסת הרשות ביד הקונה ליתנו למי שירצה, מאחר שקנה העלית, והקדיש הוא בכלל, והכי איתא בגמרא דמגילה (דף כד.) במשנה 'המפטיר בנביא, הוא פורס על שמע, והוא עובר לפני התיבה, והוא נושא את כפיו. ואם היה קטן, אביו או רבו עוברין על ידו' עכ"ל.

כט. שולחן ערוך המקוצר (סימן כה ס"ק כד).

ל. שולחן ערוך המקוצר (סימן כב ס"ט).

Lessons of the Dangling Mountain!

בית כנסת דלוס אנג'לס

BKLA

BEIS KNESSES of LOS ANGELES

ליל שבועות תשפ״ד

ALL NIGHT LEARNING

2024

HOUR

3

דברים כב, כח-כט

(כח) כִּי יִמְצָא אִישׁ נַעֲרָ בְתוּלָה אֲשֶׁר לֹא אֹרָשָׂה וּתְפָשָׂהּ וְשָׁכַב עִמָּהּ וְנִמְצָאוּ:

(כט) וְנָתַן הָאִישׁ הַשֹּׁכֵב עִמָּהּ לַאֲבִי הַנַּעֲרָ חֲמִשִּׁים כָּסֶף וְלוֹ תִהְיֶה לְאִשָּׁה תַּחַת אֲשֶׁר עִנָּהּ לֹא יוּכַל שַׁלְּחָהּ כָּל יָמָיו

משך חכמה

לא יוכל שלחה כל ימיו - משלחה הוא ליבם (פ' קט). הנה במוציא ש"ר כתיב לא יוכל לשלחה, והפירוש דהיכא דכתיב בל' הפעולה הוא מורה על התחלתה ועשיתה, והוא נתינתו של הגט, ולא יוכל לעשות זאת הפעולה כל ימיו, שכל ימיו לא יכול ליתן לה גט כריתות, וזה שדרשו (לעיל פ' צז) אף לאחר זמן, אבל כאן כתיב הפעולה בלא ל' והוא על משך השילות וקיומו, שלא יכול לגרשה באופן שתהיה מגורשת בימיו, הא אם מגרשה שתהא גט סמוך למיתתו או עם גמר מיתה דמועיל, עיין פרק יש נוחלין קל"ז דזה אינו גט רק לאפוקי אותה מיבם מותר.

רמב"ם (מורה נבוכים ח"ג פמ"ט)

ומפני שכל נערה בתולה היא עומדת להנשא לכל מי שיזדמן לא חייב המפתה אותה רק שישאנה, כי הוא הטוב לה בלא ספק ויותר רופא מחצה ויותר מתקן ענינה משישאנה זולתו וכו', והוסיף בעונש האונס לא יוכל לשלחה כל ימיו.

טעמי המצות שנפלד, אברהם עמוד מס 584 הבלין שלמה הודפס ע"י תכנת אוצר החכמה

החינוך (מצוה תקנז)

משרשי המצוה כדי ליסר הנבלים מן המעשה הרע הזה, ושלא יהיו בנות ישראל כהפקר, שאם יחשבו האונס למלאת נפשו בה וילך לו יקל בעיניו לעשות כן פעמים הרבה, אבל בדעתו שתהיה קשורה עמו ומוטלת עליו כל ימיו לחיוב שאר כסות ועונה, ואפילו אם יקוץ בה לא יהיה לו רשות לגרשה לעולם, ושיתחייב ליתן לאביה חמישים כסף, מיד באמת יכבוש יצרו וימנע מלעשות הנבלה עם הקנס הזה, וגם יש בה קצת תנחומין על העניה המבוישת שתשאר עמו לעולם פן יבישנה איש אחר בדבר הרע שאירע לה, ופקודי ה' ישרים משמחי לב.

טעמי המצות שנפלד, אברהם עמוד מס 584 הבלין שלמה הודפס ע"י תכנת אוצר החכמה

רכז לקיים מוציא שם רע את אשתו שנאמר ולו תהי' לאשה טמ"ז הוא חשב להוציא עלי' שם רע ושלא תנשא לעולם וישאנה הוא בע"כ ותהי' תחתיו לעולם והמאה כסף הם דמי עצבונה הואיל והלך ברכילות והטיל מום בקדשים יהי' כל ימיו קשור בה בקשר אמיץ וחזק ואינו חייב [בכתובה] (שלא הקנו כתובה אלא כדי שלא תהא קלה בעיניו להוציאה) כיון שע"כ לו תהי' לאשה:

רכח להיות בית דין סוקלין באבנים שנאמר וסקלתם באבנים ומתו טמ"ז מבואר מדשני קרא פעם אומר ורגמוהו לרמוז שהוא גרם לעצמו להיות מיתתו חמורה באבן שהוא משחית הבנין הלוחות מתחת כסא כבודו לחת בא"ת ב"ש כסא ולכן כסא הכבוד תנקם ממנו היא התובעת דין לפיכך מיתתו גם המחלל שבת כלם וסקלתם באבנים ומתו:

רכט לישא האונס אנוסתו שנאמר ולו תהי' לאשה טמ"ז שלא יאנוס ויבעול וימלא תאותו ויניחה ובשידע שע"כ לא יוכל לשלחה כל ימיו אפילו יקוץ בה ויתחייב לתת לאביה חמשים כסף הנאת שכיבה יכבוש יצרו וימנע מעשות הנבלה ואין הפרש בין כדרכה בין שלא כדרכה נמצא שמדדו לו מדה במדה (א) היא אנוסה בע"כ היא תאנוס אותו בעל כרחו שיעמוד עמה ואינה מוציאה אלא לעולם לו תהיה לאשה:

באר מרים

רכט (א) הוא אנס אותה בע"כ לכן האונס היא אותו בע"כ שיעמוד עמה ואינה מוציאה אלא וכו':

רל (א) אזכיר האלפא נוספת ובאורו כלי זיין:

רלא (א) לשון הרמב"ן ז"ל טעם כסוי הצואה. אין הצואה כטומאה שתטמא את מקומה ותהי' בוקעת ועולה. אבל אסור לראותה בעת התפלה ובהיות הלב דבוק בשם הנכבד, מפני שהדברים המאוסים יולידו גנאי בנפש וישבתו כוונת הלב הטהור וכאשר נעלמת מעין רואה אין רע:

ומ"ל ליקח אותה מכניסה לתוך ביתו ובועלה בינו לבין עצמה ותהי' לו לאשה כיון שנתנה תורה נצטוו ישראל שאם ירצה האיש ליקח אשה יקנה אותה תחילה בפני עדים ואח"כ תהי' לו לאשה שנאמר כי יקח איש אשה ובא אלי' (ס"ג) וליקוחין אלו מצות עשה של תורה הן ובאחד משלשה דברים האשה נקנית בכסף או בשטר או בביאה ובשטר ובביאה מן התורה ובכסף מדברי סופרים (ס"ד) קודם מתן תורה הי' אדם פוגע בשוק אשה אם רצה הוא והיא נותן לה שכרה ובועל אותה על אם הדרך והיא שנקראת קדישה משנתנה תורה נאסרה הקדישה שנאמר לא תהי' קדישה מבנות ישראל לפיכך כל הבועל אשה לשם זנות בלא קידושין לוקה מן התורה. לפי שבעל קדישה ע"כ. ועיין לקמן באר רחובות במצוה"ת:

רכז רמב"ם ה' נערה בתולה פ"ג ה"ט קדש נערה וגירשה וחזר וקדשה והוציא עלי' ש"ר ומביא עדים שזנתה תחתיו

כ, א משוה לענין מחובר עבודה זרה להקדש, יעויין שם בזה היטב[6].

ועוד נראה[7] כמו שבארנו בכמה מקומות, דעל ידי מעשה גבוה לא נתקדש שום דבר, רק בהקדישו האדם. ולזה מוכרחין אנו לפרש המקרא (פסוק כג) הלא "אתה העידות בנו לאמר הגבל את ההר וקדשתו", לא שהשם ציוה למשה שיקדש ההר, רק שהוא שב אל השי"ת, שהוא יקדש אותו במה שירד לעיני כל העם על ההר. ואינו ציווי רק הוא עתיד [עבר מהופך ע"י הוי"ו לעתיד[8]]. עוד נראה[7] שלכן אמרו ז"ל (סוכה ו, א) מעולם לא ירדה שכינה למטה מעשרה, והלא היה מקום הכבוד למעלה מעשרה, ולא נתקדש קרקע ההר[9], ודו"ק בכל זה.

יט, יז ויתיצבו בתחתית ההר.

מלמד שכפה עליהן הר כגיגית (שבת פח, א), פירוש שהראה להם כבוד ה' בהקיץ ובתגלות נפלאה עד כי ממש בטלה בחירתם הטבעי ויצאה נשמתם מהשגת כבוד ה', והיו מוכרחים כמלאכים בלא הבדל, וראו כי כל הנבראים תלוי רק בקבלת התורה[1] [וכמדומה שכבר עמדו על זה]. ואמר רבא (שבת שם) 'מכאן מודעא רבה לאורייתא'[2]. והא דכופין בקרבנות עד שיאמר 'רוצה אני', טעמו כפירוש הרמב"ם בהלכות גירושין סוף פרק ב' (הלכה כ) וזה לשונו הזהב: (מי שהדין נותן שכופין אותו לגרש את אשתו ולא רצה לגרש — בית דין של ישראל בכל מקום ובכל זמן מכין אותו עד שיאמר רוצה אני... ולמה לא בטל גט זה שהרי הוא אנוס...) שאין אומרים 'אנוס' אלא למי שנלחץ ונדחק לעשות דבר שאינו מחויב בו מן התורה (כגון מי שהוכה עד שמכר או עד שנתן), אבל מי שתקפו יצרו הרע לבטל

---

6. משנה: נטל אבן או קורה של הקדש הרי זה לא מעל... בנאה בתוך ביתו הרי זה לא מעל עד שידור תחתיה בשוה פרוטה... גמרא: למה לי עד שידור תחתיה, כיון דשניה מעל! אמר רב, כגון שהניחה על פי ארובה (כשהיא שלמה שלא בנאה כלום אלא הנחה בעלמא הוא דעבד בה, הלכך לא מעל עד שידור תחתיה בשוה פרוטה — רש"י). וכיון דבני לה מיהת מעל (אע"פ שמחוברת היא בבנין, חשוב לה כתלוש ואית בה מעילה — רש"י). לימא (מדהכא מעל, דאע"פ דחיברו כתלוש דמי — רש"י) מסייע ליה לרב (דאמר המשתחוה לבית אסרו, דאע"ג דמחובר לקרקע הוא, לענין **עבודת כוכבים** כתלוש דמי, דאי אמרת כמחובר דמי לא אסריה, דהרי גמרינן "אלהיהם על ההרים"... ואי כמחובר דמי נמי לענין מעילה לא היתה בזה מעילה דהא **אין מועלין במחובר לקרקע** — רש"י). דאמר רב, המשתחוה לבית אסרו... עכ"ל הגמרא. לפי זה מסיק רבינו כי כשם ש'תפיסת ידי אדם' הופכת קרקע לתלוש, כשהיא נאסרת על פי דיני ע"ז, כך בדין מעילה — קדושה של מקום המקדש עליו חפרו ובנו וכו' חלה, ונשארת הקדושה **במקום** **ההוא**. 7. הסבר נוסף כיצד חז"ל למדו מכאן כי 'צריך מנין אחר להתירו'. 8. כך שפירוש הפסוק הוא: אתה (ה') העידות בנו להגביל את ההר, כדי שתרד אתה ותקדשו (וקדשתו = אתה ה' תקדש אותו). והיות ואין הקדושה באה מצדו של הקב"ה, אלא מצד מעשיהם של בני אדם, לכן אותה קדושה שהקב"ה הנחית על המקום אינה קבועה, ולכן עם הסתלק השכינה אין צריך במנין אחרי להתירה, באשר בטלה ממילא. 9. לכן לא היה צורך בהיתר "במשוך היובל" אם לא ללמד את דין 'צריך מנין אחר להתירו', שהרי נסתלקה שכינה נסתלק האיסור.

(יט, יז) 1. כך שאם לא יקבלו את התורה 'שם תהא קבורתם' (שבת שם), באשר 'נסתכל באורייתא וברי עלמא', שראו בעליל כי אין טעם והצדקה לעולם ללא שלטון התורה. 2. שאם יזמינם לדין למה לא קיימתם מה שקיבלתם עליכם יש להם תשובה שקיבלוה באונס — רש"י. ומוסיפה הגמרא לומר: אף על פי כן הדר קיבלוה בימי אחשורוש דכתיב (אסתר ט, כז) "קימו וקיבלו היהודים" — קיימו מה שקיבלו כבר. מענין הכפיה בקבלת התורה

כשעמדו במעמד הנבחר הוכרח משה לברר מתוך ישראל את אלה שאמרו "נעשה ונשמע", ושהיו הרוב למנין ולבנין, ואת ה"ערב רב", המועט שלא רצה לקבל את התורה היה צריך לכוף עליהם את ההר כגיגית. וזהו שאמר הכתוב, "ויוצא משה את העם", כלומר, אותו "עם" הנודע ושהיה עכשיו "לקראת אלהים", כלומר, המנגד בכל מאמצי כחו לבלי לקבל על עצמו עול תורה ומצוות, "מן המחנה", הוציאם מכלל ישראל אומרי ה"נעשה ונשמע", והם "ויתיצבו בתחתית ההר", כמדרשו שנתלש ההר ונתלה עליהם כגיגית, ואליהם אמר, אם תקבלו את התורה - מוטב ואם לאו וכו'. ודפח"ח.

אמרי דעת, להג"ר מאיר שפירא ז"ל, אב"ד לובלין

ויתיצבו בתחתית ההר (י"ט י"ז)

לא קיבלו ישראל את התורה עד שכפה עליהם הקדוש ברוך הוא את ההר כגיגית, שנאמר, ויתיצבו בתחתית ההר. ואמר רב דימי בר חמא אמר להם הקדוש ברוך הוא לישראל, אם מקבלים אתם את התורה, מוטב. ואם לאו, שם תהא קבורתכם. ואם תאמר [פי', אם תרצה לומר], על התורה שבכתב כפה עליהם את ההר, והלא משעה שאמר להן מקבלים אתם את התורה, ענו כולם ואמרו נעשה ונשמע, מפני שאין בה יגיעה וצער והיא מעט. אלא אמר להן על התורה שבעל פה, שיש בה דקדוקי מצוות קלות וחמורות, והיא עזה כמוות וקשה כשאול קנאתה, לפי שאין לומד אותה אלא מי שאוהב [את] הקדוש ברוך הוא בכל לבו ובכל נפשו ובכל מאודו, שנאמר (דברים ו' ה') ואהבת את ה' אלהיך בכל לבבך ובכל נפשך ובכל מאודך.

מדרש תנחומא, פרשת נח אות ג'

עוד בענין זה

אמרו חכמים, כי הקב"ה כפה על ישראל את ההר כגיגית, כדי שיקבלו את התורה. והקשו התוספות, הרי קיבלו כבר בנעשה ונשמע, ותירצו, שישראל עלולים לחזור בהם מחמת האש הגדולה. רבינו הקשה על תירוצם ודחה דבריהם, והסביר כי הכוונה היתה שהתורה שהיא נשמת העולם ותוכן חייו חייבת להנתן לעולם, אע"פ שישראל קבלוה ברצון. ועוד, שלא יחשבו ישראל שמכיוון שקיבלו את התורה ברצון יכולים הם להפטר ממנה כשירצו, ולכן ניתנה להם התורה בכפייה. ואמרו במדרש, שהתורה ניתנה בכפייה כדי שיהא לישראל דין אנוסה שנאמר בה, להבדיל ממפותה, לא יוכל שלחה כל ימיו. שכן הכרח האישות יוצר חיוב לשאתה. וכן אמרו במדרש, שרצו רשעים בימי יחזקאל לפרוק עולו של הקב"ה, ואמר להם הנביא כי בעל כרחם ימלוך עליהם ה'. שכן התורה היא שלימות העולם, ובלעדיה יחזור העולם לתוהו ובוהו. והיא, התורה, הנהגתו השכלית של האדם וכפיפותו בגזירה תחת שלטון ה'. ומשום שמצד המקבלים היה בכפייה זאת חסרון, לכן חזרו וקיבלו את מצות קריאת המגילה ברצון בימי אחשורוש. ואם קיבלו ברצון את מצות מגילה האחרונה למצוות, כ"ש שקיבלו ברצון את כל המצוות שקדמו לה.

נמצא שהיתה כאן גם קבלת תורה בכפייה, כפי שהתבקש מצד נותן התורה, וגם קבלה ברצון מצד ישראל המקבלים. עד כאן המבוא.

בפרק רבי עקיבא (שבת פ"ח.) [איתא], ויתיצבו בתחתית ההר, אמר רב אבדימי בר חמא בר חסא, מלמד שכפה עליהם את ההר כגיגית ואמר להם אם אתם מקבלים את התורה מוטב ואם לאו שם תהא קבורתכם. אמר רב אחא בר יעקב, מכאן מודעה רבה לאורייתא. אמר רבא אף על פי כן הדר קבלוה בימי אחשורוש, דכתיב (אסתר ט' כ"ז) קימו וקיבלו, קיימו מה שקיבלו כבר. ע"כ. והתוספות (שם ד"ה כפה) הקשו, והלא כבר אמרו נעשה ונשמע, ותירצו, שמא כשיהיו רואים האש הגדולה יהיו חוזרים. ע"כ. ולפי הנראה אין הדברים האלו ברורים, שנאמר כי ישראל יחזרו מקבלת התורה אשר לא יסוף זכות זה מזרעם וזרע זרעם עד עולם (ע' שמו"ר ל"ב א). ומה זכות הוא זה, שמא אם לא כפה עליהם ההר היו חוזרים. ועוד, יכפה עליהם ההר כשיהיו חוזרים ולא עתה. ועוד, אם לא היה כפיות ההר רק שלא יהיו חוזרים, הא דאמרינן בעבודה זרה (ב:) כלום כפית ההר עלינו, לימא להו כלום אמרתם נעשה ונשמע קודם כפיית ההר, שאילו (אמרתם) [אמרו] נעשה ונשמע קודם היה כופה עליהם ההר שלא יחזרו בשביל האש, אבל כיון שלא אמרו קודם זה נעשה ונשמע אין לכפות ההר.

אבל [הטעם] מה שכפה עליהם ההר, שלא יאמרו ישראל אנחנו קבלנו את התורה מעצמנו, ואם לא היינו רוצים לא היינו מקבלים את התורה, ודבר זה לא היה מעלת התורה. כי התורה כל העולם תלוי בה, ואם לא היתה התורה היה העולם חוזר לתוהו ובוהו. ולפיכך אין ראוי שתהיה קבלת התורה בבחירת ישראל, רק שהיה הקדוש ברוך הוא מחייב ומכריח אותם לקבל את התורה שאי אפשר זולת זה שלא יחזור העולם לתוהו ובוהו. ואל יקשה, סוף סוף היה בחנם מה שכפה עליהם הר כגיגית שהרי כבר אמרו נעשה ונשמע, דזה לא קשיא, שודאי עיקר הדבר לא היה בשביל שלא יחזרו דלמה יחזרו כיון שכבר אמרו נעשה ונשמע. רק שדבר זה ראוי מצד עצמו, כי איך תהיה התורה שהיא שלימות כל המציאות, על ידי שכך בחרו ישראל לקבל את התורה, ואם כן [את] שלימות העולם היה תולה בדבר אפשרי שהיה אפשר שיקבלו ואפשר שלא יקבלו, ולכך כפה עליהם ההר כגיגית שאם לא היו מקבלים התורה שם תהא קבורתם.

אוצר החכמה

ויש לומר גם כן שלכן כפה עליהם ההר כגיגית, שלא יאמרו ישראל כי יהיה חס ושלום ביטול לקבלת התורה, כי מרצונם קיבלו ישראל ואפשר להפטר מדבר כזה, שהרי לא נעשה בהכרח רק היה אפשר לקבל ואפשר שלא לקבל. ולכך כפה עליהם ההר כגיגית לומר שהם מוכרחים לקבל את התורה, וכל דבר שהוא מוכרח ומחוייב אין כאן הסרה וביטול אחר שהוא מוכרח. וכך מוכח במדרש בפסוק (דברים כ"ב כ"ט) ולו תהיה לאשה תחת אשר עינה לא יוכל שלחה כל ימיו, כשבא הקדוש ברוך הוא לתת תורה על הר סיני כפה עליהם ההר כגיגית שיקבלו את תורתו. וכיוון

שכך הרי ישראל אנוסתו של הקדוש ברוך הוא, ואצל אנוסתו כתיב ולו תהיה לאשה תחת אשר עינה לא יוכל שלחה כל ימיו, ולא כן אצל מפתה. מפני שמשפט האונס כפי מה שהיה המעשה, כי המאנס היה מכריח הבתולה על האישות וכל דבר שהוא מוכרח הוא מחוייב, ולכך לא יוכל שלחה כפי אשר הוא עושה בעצמו האישות ההכרחי לכך לא יסור כלל. ולכך כפה השם יתברך עליהם ההר כגיגית להיות החיבור הזה הכרחי, וכל זיווג וחיבור הכרחי אין סילוק והסרה כמו שהוא אצל המאנס אשה. וכו'.

ומה שאמר רב אחא מודעה רבה לאורייתא, דסוף סוף היה קבלת התורה בהכרח ואין זה קבלה גמורה שצריך שיהיה קבלת התורה ברצון המקבל, וכאשר כפה עליהם ההר כגיגית היה זה הכרח ולא רצון, ועל זה אמר אף על פי כן הדר קבלוה בימי אחשורוש וכו'. ביאור ענין זה, כי בימי אחשורוש קיבלו מצוה אחת מרצונם, ולא גזר השם יתברך דבר זה עליהם רק הם קיבלו מעצמם, והסכים הקדוש ברוך הוא עמהם. ומקרא מגילה היא מצוה אחת שנתחדשה כמו שאמרו שם (מגילה י"ד.) ארבעים ושמונה נביאים ושבע נביאות עמדו לישראל וכולם לא פחתו ולא הוסיפו על תורת משה חוץ ממקרא מגילה. שמזה נלמוד כי מקרא מגילה כמו תוספות על התורה, ושם מפרש כי גם מקרא מגילה נרמז בתורה. סוף סוף מקרא מגילה קבלת מצוה אחת ממצוות התורה שקיבלו מעצמם, ולא היה זה מצד ההכרח כמו שהיה מתחילה, רק שהיה זה מרצונם והקדוש ברוך הוא הסכים על ידם, ובזה היו מקבלים כל התורה מרצונם. שאם המצוה שהיא אחרונה לכל התורה שהיא מקרא מגילה קבלוה מעצמם, כי מי הכריח אותם לדבר זה, מכל שכן שאר מצות שהם קודמים למקרא מגילה שכולם הם ברצון. ובזה כאילו היה מתחילה קבלת התורה ברצון, כי הוכיח הסוף על ההתחלה. ובזה די לבאר כי התורה לישראל ברצון מצד עצמם, אבל הכרחי היה להם מצד השם יתברך כאשר ראוי לכל הדברים אשר הם שלימות העולם שראוי שיהיה מוכרח ואינו אפשרי, כמו שהתבאר.

תפארת ישראל,
פרק ל"ב, למהר"ל מפראג זי"ע,
בהוצאת מכון "יד מרדכי", ת"א תשל"ט

נ"ב ארשה לעצמי לאחת מגדרי לתועלת המחברים והמעיינים למען דעת חשיבות ונחיצות הדבר לעיין כל דבר במקורו, ולא לסמוך על המלקטים המביאים בשם אחרים מבלי לעיין במקור, כפי שעינינו רואות כאן, שהרבה ספרים מביאים את המהר"ל הנ"ל בספרו תפארת ישראל ומציינים פרק ל"ג, ואילו כל המעיין במקור יראה לעינים שזה ט"ס וצ"ל ל"ב. לכן לתועלת הרבים מוכרחים תמיד לעיין במקור ולעמוד על אמיתת הציון והמ"מ.

עוד בענין זה

בגמ' שבת (פ"ח.) איתא, מלמד שכפה הקב"ה עליהם את ההר כגיגית

מצוה או לעשות עבירה והוכה עד שעשה דבר שחייב לעשותו או עד שנתרחק מדבר האסור לעשות — אין זה אנוס ממנו, ·אלא הוא אנס את עצמו בדעתו הרעה. (לפיכך זה שאינו רוצה לגרש) — מאחר שהוא רוצה להיות מישראל ורוצה הוא לעשות כל המצות ולהתרחק מן העבירות ויצרו הוא שתקפו, וכיון שהוכה עד שתשש יצרו (ואמר 'רוצה אני' — כבר גרש לרצונו), עד כאן לשונו. וזה עיון נפלא בעצמו, ומתאים בשיטתו במה שכתב בהלכות סנהדרין (פרק כ הלכה ג) דאם אנסוהו לבא על הערוה במקום דיהרג ואל יעבור, ועבר, חייב מיתה שאין קישוי אלא לדעת, עיין שם[3]. ובזה כתב בהלכות יסודי התורה (ה, ד) דאם עבר ולא נהרג אינו חייב, רק שעבר מצות עשה של קידוש השם, עיין שם[4]. וטעמו, דכל העבירות כחילול שבת ועבודה זרה וכדומה, אם האדם עושהו על ידי אונס אין זה עשייה ברצון בעצם הדבר, רק סיבת הכרח העונש מביאו לעשות זה בלא חפץ פנימי. אבל גבי ערוה, האיש שנתקשה, הוא אינו מצד שעושה זה מחמת פחד העונש, רק הוא עשייה מהתרגשו בחימום תאות הערוה — מזה נתקשה — ובידו היה להתאפק על תאותו ולבלי להתקשות. אם כן הוא עושה מחפץ התאוה, וזה נקרא רצון להתחייב באונסין, אף שבאמת הנו מצד הפחד והעונש מסיר מאתו יראת השם — ואם כן מתחמם בטבע אל הערוה כמו אל אשתו המותרת לו — בכל זאת הוא נקרא רצון. אם כן גם הכא שרצון נפש הישראלי נוטה בטבע ובחפץ נמרץ פנימי לקיים מצות ה׳, רק עצת היצר תקפה עליו, מיד כשיוכה מכות אכזריות יוסר חפץ החומר ועושה המעשה שמגרש או מביא קרבן, זהו חפץ פנימי לעצמיות המצוה, הוא רצון גמור. ולהרמב״ן דפליג עליה תמן בחידושיו וסובר שאין זה רצון, בודאי גם הכא לא נקרא רצון[5] ודו״ק.

ולפי זה מוכרח דבהתקרבו אל הערוה עדיין הבחירה בלבבו שלא להתקשות, ולא אמרינן

עובר רבינו לדון בענין הכפיה לקיים את המצוות. 3. הלכה ב: כל מי שעשה דבר שחייבין עליו מיתת בית דין באונס — אין בית דין ממיתין אותו, ואעפ״י שהיה מצווה שיהרג ואל יעבור, אע״פ שחילל את השם והוא אנוס, אינו נהרג, (דברים כב, כו) "שנאמר ולנערה לא תעשה דבר" — זו אזהרה לבית דין שלא יענשו את האנוס. הלכה ג. איש שאנסוהו עד שבא על הערוה — חייב מיתת בית דין, שאין קישוי אלא לדעת... רבינו עומד על האבחנה בין עבירה סתם (אפילו במסגרת ייהרג ואל יעבור) ובין העבירה המיוחדת של בא על הערוה. 4. כל מי שנאמר בו 'יעבור ואל יהרג' ונהרג ולא עבר — הרי זה מתחייב בנפשו, וכל מי שנאמר בו 'יהרג ואל יעבור' ונהרג ולא עבר — הרי זה קידש את השם. ואם היה בעשרה מישראל — הרי זה קידש את השם ברבים כדניאל חנניא מישאל ועזריה וכרבי עקיבא וחבריו. ואלו הם הרוגי מלכות שאין מעלה על מעלתם, ועליהם נאמר (תהלים מד, כג) "כי עליך הורגנו כל היום נחשבנו כצאן טבחה", ועליהם נאמר (שם נ, ה) "אספו לי חסידי כורתי בריתי עלי זבח". וכל מי שנאמר בו "יהרג ואל יעבור" ועבר ולא נהרג הרי זה מחלל את השם, ואם היה בעשרה מישראל, הרי זה חילל את השם ברבים, וביטל מצות עשה שהיא "קידוש השם", ועבר על מצות לא תעשה שהיא "חילול השם". ואף על פי כן, מפני שעבר באונס אין מלקין אותו, ואין צריך לומר שאין ממיתין אותו בית דין, אפילו הרג באונס — שאין מלקין וממיתין אלא לעובר ברצונו ובעדים ובהתראה, שנאמר בנותן מזרעו למולך (ויקרא כ, ה), "ושמתי אני את פני באיש ההוא", מפי השמועה למדו "ההוא" — לא אנוס ולא שוגג ולא מוטעה. ומה אם עבודה זרה שהיא חמורה מן הכל העובד אותה באונס אינו חייב כרת — ואין צריך לומר מיתת בית דין — קל וחומר לשאר מצות האמורות בתורה! 5. חידושי הרמב״ן ליבמות נג, ב: גמרא, הא דאמר רבא אין אונס בערוה שאין קישוי אלא לדעת, יש מפרשים שאם אמרו לו עכו״ם לבא על

דיצרו הוא דתקפו, וכמו באשה אפילו אומרת הניחו, עיין שם[6]. ומסולק מה שנתקשו האחרונים מהא דר״א מחייב על כל כוח וכוח[7], ותוספות יבמות כא ד״ה גזירה ביאה ראשונה, עיין שם[8]. וקרוב לזה תמצא בפני יהושע פסחים דף כו עיין שם[9] ודו״ק בכל זה. ולפי שיטת רבינו משה[10] דקטן שנתגייר, הגדיל יכול למחות ונשאר גר תושב, ופירשו באור שמח הלכות איסורי ביאה פרק יב[11], אם כן אף דמודעה רבה, מכל מקום נשארו גרי תושב, ולכן נענשו

הערוה ואם לאו שיהרגו אותו, ובא עליה, מומת על ידה, לפי שאין קישוי אלא לדעת. ויש אומרים כיון שמחמת האונס הוא דיהב דעתיה ונתקשה, אף הוא פטור בדיני אדם, כאילו אמרו קטול אספתא בשבתא, ולא, קטלינן לך דפטור, ואפילו בעכו״ם ושפיכות דמים שדינו שיהרג ואל יעבור, מדיני אדם פטור, ואף על פי שמדעת עצמו הוא הולך ועושה. **אף כאן, אף על פי שהוא נותן דעתו ומקשה עצמו, פטור, שהרי אם תסלק אונסו מעליו אף הוא פורש.** אלא הא דרבא משכחת לה כגון שתקפתו אשה וקרבתו לעצמה לאונסו, או שדבקה אותו עכו״ם לערוה, ואין שם פחד מיתה, דכיון דליכא אונס דגופיה, אעפ״י שדבקום זה לזה ובא עליה חייב, שאלמלא דעתו עליה לא היה אפשר לו לבעול שאין קישוי אלא לדעת.... **וזהו הפירוש יותר נכון,** עכ״ל. רבינו טוען כי לפי הרמב״ן כשם שהאונס גרם לו לבא על הערוה גם האונס גרם לו לגרש את אשתו, וממילא הגט אינו תופס. כי הנטיה ׳הטבעית׳ לקישוי לערוה מקבילה לנטיה ׳הטבעית׳ לקיים מצוות התורה, שלפי הרמב״ן האונס מבטלה. **6.** רמב״ם הלכות סנהדרין ד, ג: אבל האשה הנבעלת באונס, אפילו אמרה אחר שנאנסה ׳הניחו לו׳ — הרי היא פטורה מפני שיצרה נתגבר עליה. ומפרש רש״י בגמרא (כתובות נא, ב): וגם זה אונס, שבתחילת בעילה שהיא באונס הלבישה הבועל יצר. וכן כותב הרמב״ם בהלכות איסורי ביאה א, ט: שמשהתחיל לבעול באונס אין בידה שלא תרצה, שיצר האדם וטבעו כופה אותה לרצות. בביטוי ״יצרו הוא דתקפו׳ מתכוין רבינו ל׳יצר האדם וטבעו׳ שאין לעמוד נגדו, הוא האונס הגמור. **7.** וכן כתב נודע ביהודה מהדורא תנינא אבן העזר שאלה קנ: ונראה לעניות דעתי, שאף בחייבי מיתות בית דין, לא התרו בה בתחילה והתרו בה באמצע הביאה, אף דעדיין היא נבעלת ברצון אינה חייבת להישמט מתחתיו או להחזיקו בזרוע שישהה עד שימות האבר, והיא אינה עושה כן, רק גומרת ברצון, אינה חייבת מיתה, **שכבר הרצון נחשב אונס.** ומה שסובר ר׳ אליעזר ביבמות לד דחייב על כל כוח היינו הבועל אבל לא הנבעלת. ואם כן כל מה שהוא אחר תחילת הביאה ייחשב לגבי דידה אונס... ועיין פני יהושע ביבמות שם. **8.** צריך להיות כ, ב ד״ה אטו ביאה שניה: לאו דוקא נקטו ביאה שניה דהא אפילו גמר ביאה ראשונה אסור, דיבמה נקנית בהערעה, והוה מצי למימר גזירה אטו גמר ביאה... **9.** צ״ל דף כה, ב באמצע ד״ה אתמר הנאה הבאה לו לאדם וכו׳ ...וכן נראה לי להדיא מלשון הר״ן ז״ל בלשון ׳הנאה הבאה לאדם **בעל כרחו**׳, היינו משום שלא בא לכאן **מתחילה** לשום כך, ובכי האי גוונא **אפילו הוא מכוון לה,** אפילו הכי בעל כרחו קרינן לה כיון שריח מאליו בא לה וכו׳... **10.** רמב״ם הלכות מלכים פ״י ה״ג: בן נח שנתגייר ומל וטבל ואחר כך רצה לחזור מאחרי ה׳ ולהיות גר תושב בלבד כשהיה מקודם — אין שומעים לו, אלא יהיה כישראל לכל דבר או יהרג. ואם היה קטן כשהטבילוהו בית דין — יכול למחות בשעה שיגדיל ויהיה גר תושב בלבד. וכיון שלא מיחה בשעתו — שוב אינו מוחה אלא הרי הוא גר צדק (אחרי שרבינו עבר לבאר את ענין כפיית היחיד, חוזר עתה לביאור דברי חז״ל כי כפיית אבותינו במתן תורה היתה ׳מודעה רבה לאורייתא׳). **11.** הלכה ו: אבל ישראל הבא על עובדת כוכבים בין קטנה בת שלוש שנים... כיון שבא על הגויה בזדון הרי זו נהרגת מפני שבאה לישראל תקלה על ידה, כבהמה. ודבר זה מפורש בתורה שנאמר (במדבר לא, טז-יז) ״הן הנה היו לבני ישראל בדבר בלעם וגו׳ וכל אשה יודעת איש למשכב זכר הרוגו״. אור שמח: הנה על שיטת רבינו דהלכה כפי לישנא קמא דרבא דבגיותן אית להו חתנות, קשה לי בשמועה דגר קטן מטבילין אותו על דעת בית דין [בימים הקדמונים] דמקשו אביי ורבא על הא דאמרו

בבית ראשון על עבודת כוכבים ושפיכות דמים ועריות — דברים שגר תושב מוזהר. אבל כי הדר וקיבלוהו בימי אחשורוש, נענשו גם על שאר מצוות[12] ודו״ק.

יט, כא פן יהרסו אל ה׳ לראות ונפל ממנו רב.

הענין ד״ברוב חכמה רוב כעס״ (קהלת א, יח) ״וסביבו נשערה מאד״ (תהלים נ, ג), כי על קלה שבקלות נידון. וכן כל השלם יותר בצורתו, ושכלו התגבר על חומרו, כאשר יפול יופסד יותר. וכמו שרואים אנו בדברים גשמיים שהחומרים אשר איכותם היא צורתם, כשיכלו יפסדו לגמרי. לכן כאשר ראה ה׳ את אשר יעשו עגל מסכה ויפול מישראל ״כשלושת אלפי איש״ (שמות לב, כח), לו היו במעלה יותר עליונה ובהשגה יותר דקה ובהירה באלוקותו יתברך, אז בעון העגל לא נשתייר משונאיהם של ישראל שריד ופליט. לכן אמר ״פן יהרסו אל ה׳ לראות״ — במעלה רמה מאוד, ״ונפל ממנו רב״ — בעת שיחטאו בעגל ויפול מהם כשלושת אלפים איש. לכן ״אל שיהרסו אל ה׳ לראות״ — ויהיו נידונים כשוגגין, ודו״ק.

כ, א וידבר אלקים את כל הדברים האלה לאמר.

זה אינו דומה לשאר ״לאמר״ שבתורה שהשם ציוה למשה לאמר לישראל, מה שאין כן כאן שהיה מדבר אל כל ישראל[1]. לכן נראה כמו שכתב הרמב״ם (הלכות יסודי התורה פרק ח) שכל עיקרי הקבלה הוא אינו מן המופתים, שכל המאמין מצד זה יש בלבבו דופי, רק מצד ששש מאות אלף אבותינו המה עדים נאמנים שהגיעו לתכלית הנבואה וראו כבוד ה׳ ושמעו עשרת הדברים, והמה מנחילי הקבלה דור לדור, וכמו שאמר (דברים לב, ז) ״שאל אביך ויגדך״ וכו׳. וזה שאמר ״וידבר אלקים (את כל הדברים האלה) לאמר״ — היינו שכל ישראל השומעים יאמרו לבניהם ובניהם לבניהם עד עת קץ הימין מצב הר סיני ועשרת הדברים. [כן דריש בירושלמי הך ״לאמר״ ״דאז ישיר״ וכו׳ מה ת״ל ״לאמר״? לדורות וכו׳ היינו שעל כל צרה יאמרו השירה או ההלל, יעויין ירושלמי סוטה פרק ה[2]]. והנה במכילתא (פרשה ד סעיף ח) מפרש ״לאמר״ שהיו ישראל אומרין על הן הן ועל לאו לאו (דברי רבי ישמעאל), היינו שקיבלו

׳הגדילו יכולין למחות׳ מכתובה וקנס דיהבינן להו דאזלא ואכלה בגיותה, ואיך לא מקשו הא אם ימחו הלא ישתכח דגויים הן, והבא עליהן עובר בלאו דלא תתחתן בם, ואיך לא חיישי ללאו הכתוב בתורה?!... אולם הדבר פשוט דרבינו כתב בפרק י׳ מהלכות מלכים **דכשימחה הוא כגר תושב בלבד**, ובגר תושב בודאי אינו נהרגת הגיורות אם בא עליה הישראל, וזה ברור. וטעם דבריו שלאחר שמיחו הרי הן כגרי תושב משום דבגר תושב אמרו לשיטת רבינו בפרק ז מהלכות מלכים דכופין אותן לקיים שבע מצוות ולקבל אותן עליהם [בימים הקדמונים]. וכיון דאיתא ע״י כפיה, ובפרט בהנך דלא שייך טעם דברי רבינו בהלכות גירושין סוף פרק ב, לכן מועיל קבלה בקטנים הואיל ואיתא בעל כרחו, ולא שייך על זה שמיחו, רק על גירות דמצד זכיה מועיל מחאה דילהו, וכמו בכל זכות בצוות מעיקרא, ודו״ק. 12. ולכן ציינו חז״ל כי בית ראשון נחרב בגלל שלוש עבירות אלה. יתכן לפי רבינו כי אמנם חטאו בשאר עבירות שבתורה, אבל לא עליהם באה הפורענות כי מחאתם (׳מודעה רבה׳) זו החזירה אותם לדין גר תושב בלבד.

(כ, א) 1. כי ״אנכי״ ו״לא יהיה״ מפי הגבורה שמענום (מכות כג, ב). 2. הלכה ד, משנה: בו ביום דרש רבי עקיבא: ״אז ישיר משה ובני ישראל את השירה הזאת לה׳ ויאמרו לאמר״, שאין תלמוד לומר ״לאמר״ (שאין דומה לשאר ״לאמר״ שבמקרא, **שהשכינה מדבר למשה לאמר הדיבור לישראל**, אבל כאן אין לומר כן — קרבן העדה), ולמה נאמר ״לאמר״? **אלא שהיו ישראל עונין אחריו של** משה על כל דבר ודבר כקורין את ההלל... גמרא: לקטן שהוא מקרא את ההלל בבית הספר והן עונין

הפרק ו בבאור מה שהתבאר בזה מאד העיון הו':

מסכים לדעת רז"ל וזה שמה שהתבאר מז"ה הו' מב' עניינים הא' היות האמונה בדעות נקנית בזולת רצון. והב' היות האמינה בדעות נקנית בזולת רצון והו' היות הגמול והענש על הרצון. אם תגמול בחשק השתדלות והשמחה להיותנו מכת האמונה הזאת ואם הענש הפכו והנה שני אלו העניינים נרמזו במאמר אחד בפרק עקי'. אמר שם ויתיצבו בתחתית ההר מלמד שכפה עליהם ההר כגיגית אם תקבלו מוטב ואם לאו שם תהא קבורתכם. אמר רבא מכאן מודעא רבא לאורייתא. אמר ליה הדר קבלוה בימי אחשורוש שנאמר קיימו וקבלו היהודים. קיימו מה שקבלו כבר. ויהיה ביאור המאמר לפי זה למה שהתבאר שהאמונה נקנית באמצעות הקדמות שכליות. וכל שכן באמצעות הנבואה שהיתה במעשה הנכבד ההיא לא היה אל רצון שום מבוא בה אם כן היה להם שיאמינוהו ירצו או לא ירצו, הנה אם כן היו מוכרחים על האמונה ודמה ההכרה ההוא כאלו כפה עליהם ההר כגיגית כדי שיקבל על כרחם. ואם לא שימותו שם שהוא אונס והכרח ניכר. כן ברוב האותות העצומים. ובחתימת המעמד ההוא האמינוה בהכרח התורה ואם יסורו ממנו שיהיו נוטים מהנכונה ומדרך החיים אשר כנה במיתה וקבורה ולזה אמר החכם ההוא מכאן מודעה רבה לאורייתא. כי עם היותה אמתות בלי ספק; אמנם אחד שהאמונה עליהם היתה הכרחית אין מבוא לרצון עלי' ואולי לא קבלוה מרצונם הבחריי המשעבד אותנו ההמשך אחריה וזה שהוא מבואר שעם היות האמונה אמיתית א"ש בה אם לא קבלנוה אין דרך אל העונש הגדול כאלו קבלנוה להמשך אחרים מרצוננו. ולזה השיב הדר קבלוה בימי אחשורוש שנאמר קיימו וקבלו היהודים כלומר אחר שנראה שבאמצעות השמחה שהיו שמחים על הנסים ועל הפרקן שנעשו להם בימים ההם קיימו מה שקבלו כבר הרי המודעא בטל מאליה כי הערבות והשמחה שבו נתלה הגמול באמונות כבר היה על השלמות בימי אחשורוש וזה כלו משל על מה שהתבאר כדברינו אם היות האמונה בדעות בבזולת רצון ואם היות הגמול על הרצון והשמחה בהיותו בעל האמונה ההיא עד שלהיות השמחה ההיא תענוג והנאה לבעל האמונה. והשרש אצלנו אסור לאדם ליהנות מן העולם הזה בלא ברכה תקנו מטבע הברכות לזה ברוך שלא עשני גוי ועבד ואשה וכמו שנאריך מזה עוד בכלל הו' בג"ה ודי בזה עתה לפי כוונתינו השבח והתהלה לאל לבדו ומרומם על ברכה ותהלה:

את ההר כגיגית", ובתום' שם (ד"ה כפה) הקשו, שהרי כבר הקדימו נעשה ונשמע. אכן הנה כבר אמרו דורשי רשומות דהכפית ההר כגיגית היה כדי שיהיו באונס דנאמר "לא יוכל שלחה כל ימיו" (דברים כב, כט). ואמנם לאו מילי דדרוש הוא בלבד, אלא שיש בזה שורש ארוך, דהנה זהו כלל דכל דבר שהוא על ידי חיבור של כמה דברים כשם שבא בחיבור כן יכול לבוא פירוד ביניהם, ועל כן כל קדושין מתהוה על ידי שניהם, דאע"פ דכתיב כי יקח ולא כי תקח (קדושין ד, ב), מ"מ בלא דעתה אינה מקודשת, ונעשו הקידושין מבין שניהם, ולכן אפשר שיהיה פירוד ביניהם. אבל אונס שבא מצדו, הרי דבר שבא מצד אחד לא שייך פירוד בזה, וכזה גם במתן תורה אם היתה הקבלה רק מצד הצירוף נותן ומקבל, הלא היה אפשר ג"כ לבוא פירוד ביניהם חלילה.

וזה באמת ההבדל שבין ישראל לעמים לענין קבלת התורה, דאע"פ ש'הופיע מהר פארן וזרח משעיר למו', מלמד שחזר הקב"ה עם התורה על כל עם ועם ולא קבלוה (פסיקתא רבתי פכ"א) הנה לא יתכן שאם היה איזה עם מקבל את התורה, לא היתה ניתנת לישראל ח"ו, חלילה לחשוב כן, דהלא כל בריאת העולם היתה בשביל ישראל שנקראו ראשית ובשביל תורה שנקראה ראשית (ויקרא רבה פל"ו, וע"ע בתי מדרשות סדר רבה דבראשית (ה)), אלא דאם היתה ניתנה לשאר עמים היה זה רק בדרך קבלה ע"י חיבור נותן ומקבל, ולא היה הדבר נצחי, כי כאשר יחול החיבור כן יחול הפירוד, ואך לפי שאומות העולם לא יכלו לעמוד על סוד הכפית הר כגיגית ויבינו את הכפיה בתור חוסר רצון, על כן היה הכרח שיענו כולם 'כל אשר דיבר ד' נעשה ונשמע', למען להעיד גם על זיכוך הרצון שלנו "משכני אחריך נרוצה" (שיר השירים א, ד), אבל אחרי כן באה הכפיית הר כגיגית, לאמר שנתינת התורה לישראל לא רק מצד החיבור הוא בא, אלא שהיא כולה גם מצד הנותן ית"ש, ושבשביל זה לא יבא פירוד ביניהם, והודיע הקב"ה לישראל עם קדושו כי כל מציאותו היא אך עם התורה ומבלעדה שם תהא קבורתם, אין להם שום תקומה בעולם זולת על ידי התורה, לפי שהם עם התורה, אינם שני דברים שנתחברו ונתדבקו יחד, אלא עצמיות התורה היא ישראל ועצמיות ישראל היא התורה, ולא יבא פירוד ביניהם לעולם, "וגם נצח ישראל לא ישקר" (שמואל א טו, כט).

ג. נתבאר כי ע"י הכפיית הר כגיגית נתגלה ההבדל של קבלת התורה בישראל לאם היתה קבלת התורה לעם אחר, אכן הנה גם מלאכים רצו לעכב נתינת התורה לישראל וטענו תנה הודך על השמים (שבת שם ע"ב), וגם בזה בא ביאור וגילוי מה נורא ההבדל

תחתית ההר. ממש ההר ממש: גיגית. קובא שמטיל בה שכר: מודעא רבה. שאם יזמינם לדין למה לא קיימתם מה שקבלתם עליכם יש להם תשובה, שקבלוה באונס:

״ויתיצבו בתחתית ההר״ אמר רבי אבדימי בר חמא [בר חסא] מלמד שכפה הקב״ה עליהם את ההר כגיגית ואמר להם אם אתם מקבלים התורה מוטב ואם לאו שם תהא קבורתכם. אמר רב אחא בר יעקב מכאן מודעא רבה לאורייתא.

עין איה

האלהי הזורח באדם, בדעתו ושכלו, בתוך האורה האלהית המפולשת העליונה, עד בלי צורך של מעברה פרטית והוספת דבר מדעת עצמו, גם בכדי הערך של הסכמת דעתו העליונה של הקב״ה, כי אם סוד האחדות האלהית בצירופה, אחרי אשר פונה דרכה ואבני המכשולות הורמו, הרי היא כמעין המתגבר ועולה, שאיננו צריך להארת מדריגות והופעות מחולקות מקבלות תוספת, ״הכל יוכל וכ[ו]ללם יחד״[1].

סז. **״ויתיצבו בתחתית ההר״, אמר רב אבדימי בר חמא מלמד שכפה הקב״ה עליהם את ההר כגיגית וא״ל אם אתם מקבלים את התורה מוטב ואם לאו שם תהא קבורתכם.** החופש הרצוני הוא תוכן מיוחד לשכלל על ידו את הכשרון המוסרי אשר לאדם, ומפני כך יש לו שליטה מיוחדה בגבולו וחוגו. אבל עצמיות הרצון בעצמו הוא התוכן המהותי של האדם, ועליו ביסודו לא שייך לומר שום תואר של חופש. אין אנו בני חורין לרצות או לא לרצות. הרצון הוא עצם החיים, והחיים הנם מצויים בנו שלא בבחירתנו. אנו שולטים רק על הטיית הרצון לאחד מן הצדדים, לימין או לשמאל, כאן יש יד הבחירה.

ואם התורה היתה רק מתפשטת על התוכן המוסרי של האדם, היה הדבר ראוי שתנתן בבחירה חפשית גמורה, אבל באמת התורה היא הבעתה של העצמיות המהותית של האדם, כפי מה שהיא. העברת התורה היא התנכרותו של האדם, שמתנכר מעצמו, ומשנה את טבעו להרע, ״משנה פניו ותשלחהו״[1]. על כן ראוי הדבר שתתגלה התורה התגלות מהותית, התגלות שורש הרצון, ולא התגלות ענפי הרצון.

ומזה מסתעפת ג״כ הידיעה שאין התורה תוכן פרטי לישראל, וממילא שאין ישראל מציאות פרטית בעולם, אלא הכל נארג ונמזג מתוך התמציות[2] של כללות ההויה, א״כ הכל מכריח ודוחק את מציאותה של התורה, וחקיקתה, וקבלת ישראל אותה.

וההר אשר זכה שיהיה מרכז העולם כולו - לא במקרה בא הדבר, כי בודאי יש יחש למציאותו והזרחת המרכזי[ו]ת של אור חי העולמים עליו - הרי הוא ספוג בכח כל כלליות. ומתוך אותה ההכרעה של הסיפוג הכללי שבו, הרי הוא מלא כח מכריח המ(ת)גלה שאי אפשר כלל לתאר חיים ומציאות למהותיות הישראלית בלא קבלת התורה. ועמדתם של ישראל הרי היא מכוונת להעשות בסיס לכל הריכוז שאז חל על המציאות של ההר, ״ויתיצבו בתחתית ההר״. בכח האצור בההר אשר ירד עליו ד׳ באש[3], ספון כח מכריח, **אם אתם מקבלים את התורה** מוטב, הרי אתם מגלים את מציאותכם העצמית כמו שהיא, באמתת הוייתכם, **ואם לאו שם תהא קבורתכם**, וכל המציאות כולה מתקוממת לנגדכם כאשר אתם מתקוממים מול עצמיותכם.

סח. **אמר רב אחא בר יעקב, מכאן מודעה רבה לאורייתא.** אלמלא היה אור התורה שתול בישראל בבחירה חפשית מיסודה, לא היה התוכן המאיר ומחיה שלה מאוגד בפנימיות עצמיותה של האומה ובמעמקי נפשם של יחידיה, ואז היה הדבר אפשר שהעברת התורה בפועל מצד [הבחירה], תמחק את אותו הרושם של החיים והקודש שהתורה צריכה לעשות בהם. אבל כיון שהעצמיות הישראל[ית] מאוחדת עם התורה ע״פ הכרח כללי של כל היש, אין העברת התורה פועלת כ״א טשטוש חיצוני על מהות האומה, אבל התכונה העצמית הרי היא תמיד נשמרת, כי הכלליות שלה היא למעלה מכל יסוד של בחירה ושל אפשרות של שינוי. והדבר עומד למעלה מכל התגלות פרטית שברצון. אפילו כשמתגלה בפועל ובמעשה בהיפוך, הרי המודעה הרבה כוללת

סו. 1. פיוט וכל מאמינים, לימים נוראים. סז. 1. איוב יד, כ. ועיין ב״ר יא, ב. 2. אולי צ״ל: התמציתיות. 3. שמות יט, יח.

אמר רבא אף על פי כן הדור קבלוה בימי אחשורוש, דכתיב (אסתר ט) **"קימו וקבלו היהודים" קימו מה שקבלו כבר:**

שם אמר חזקיה מאי דכתיב (תהלים עו) **"משמים השמעת דין ארץ יראה**

בימי אחשורוש. מאהבת הנס הנעשה להם: דין. תורה:

עין איה

הכל, שאין כל המעשים הנעשים נגד התורה מכוונים כלל לפגע ביסודה, מפני שהיא מ(ו)רוממה [או: מור(ומ)מה] הרבה מכל אפשרות של פגיעה ע"י שום התגלות רצונית. והיא המודעא הרבה העליונה מכל סתמיות של מודעות, שאין כונתה של מודעא זו החלשה לקיום קבלת התורה, כי אם התגלות עליונה ש(ב)כל מה שאפשר להיות עובר ע"י יצרי לבב האדם מהעברתה של תורה, אינו משנה כלל את תכונתו של הרצון הפנימי העצמי של ישראל, העומד למעלה מכל חירות וחופש בחיריים, מודעה רבה לאורייתא.

סט. אמר רבא, אעפ"כ הדור קבלוה בימי אחשורוש. היסוד הטבעי שבקדושה שמפעם בחזקה בנשמתן של ישראל, אינו מניח את היסוד של הבחירה החפשית להתגלות בכל מילואה. ומאז עמדו רגלי אבותינו על הר סיני, אורןות] החיים הטבעיים שבקדושה מתגברים והולכים בגלוי, והתוכן החפשי של בחירת האדם עומדת היא בצורה עלומה, עד אשר רק בהשתערות רוח עועים של שכרות נוראה, אשר ליצרא דע"ז ביסודו, היה אפשר לצאת אל הפועל מין תואר של בחירה בישראל. ומפני הארס הגדול שהוכרח להתכנס עד כדי העמדת הבחירה המעשית במשקל ישר, היה הצורך של יצרא דע"ז להיות מרובה כ"כ בעז כחו.

הירידות הכלליות גרמו אח"כ החלשה רבה להארתה של טבעיות הקודש, ובימי אחשור[ו]ש, אחרי שקדמו הנפילות המאוחרות של השתחויית הצלם וההתנאות מסעודתו של אותו רשע[1], כל אותם התוכנים הזרים שחדרו בישראל, גרמו האפלה להאור של הקדושה הטבעית, גניזת אורה במחבואיה של הנשמה, מבלי להגלות בהופעת כחה. וזו גופא היתה עצת ד' עמוקה, כדי שתהיה אפשרות לכח הבחירה השקולה לצאת אל הפועל בפעולתה. וזה נעשה אח"כ לטובה אחרי התשובה שבאה ע"י גזירתו של המן, שהונח מקום לפעולה בחירית, הבאה מהכרעה חפשית שבנשמה, לפעול את פעולתה. וכאן נתקיים בפועל, בתור אישור וקיום, בהוצאה מן הכח אל הפועל בתוכן רצוני, ששייך בו קיום לקיים את המצווה מאז, אשר מני אז היה בתכונה של קבלה עצמית, חטיבה של מהותיות קבועה, שאין בה מילוי היסוד של חופש בחירי, וכעת קיימו מה שקבלו כבר.

ע. אמר חזקיה, מאי דכתיב "משמים השמעת דין ארץ יראה ושקטה", אם יראה למה שקטה ואם שקטה למה יראה, אלא בתחלה יראה ולבסוף שקטה. כל מה שיוצא בבהירות גלויה אצל השכל היותר עליון, היותר צח ובהיר, המעוטר ברצון היותר עליון, מקודש ואדיר, שביחד עושים הם את צביון החיים היותר שלמים, מונח הוא בגניזתו בכל השדרות של היש כולו מתחתית מדריגתו עד רומה, אושר המציאותו[1] במגמתה התכליתית, רום נשמת האדם ובהיקותה, אומצה וחסנה הטהורים, במעמדים הנצחיים החובקים כל אושר, כל שאיפה וכל עדנה, שאל הפועל אינה יוצאה כ"א ע"י האגד האלהי והתגלות אורו בברית עולמים בישראל, ומיסוד כנסת ישראל לאדם ולעולמים כולם, בחטיבה אחת, חוברת עליונה מתאימה עדי עד. והחוסן הרוחני המיוסד [הוא מיוסד?] על יסוד החירות הבחירית, אשר יסודו העצמי ברום המעלה הרוחנית העליונה הוא גנוז. השמים מספרים[2] את הכבוד העליון של הוד נשמת כל היקום המפוארה בנקודת ציון המצויינת, אומת עולמים, כלילת יופי. והארץ הרי בחביונה כל התיאור - המסופק בהתחלת צמיחתו, והמובטח בגאון התעלותו, אחרי אשר ילך ואור - שיש בתכונתה של חפשיות הרצון, עזה וחסנה של נשמת היקום, הוא כלול בה. והחרדה מלפפת את היסודות הארציים כולם, פחד פנימי מגורל נעלם, מה יהיה אם זה החופש לא יבא למגמתו. כל שאיפה הרי בטלה היא, כל מגמה הוייתית אפס ותוהו נחשבה[3].

סט. 1. "מפני שנהנו מסעודתו של אותו רשע ... מפני שהשתחוו לצלם ..." מגילה יב, א.
ע. 1. כן הוא בכתי"ק. ואולי צ"ל: המציאות. 2. עפ"י תהילים יט, ב. וכאן מלשון ספיר. 3. עפ"י ישעיה מ, יז.

פרשת במדבר

במדרש ילקוט. [ריש רמז תרפ״ד] בשעה שקבלו ישראל את התורה נתקנאו בהם אומות העולם, אמרו מה ראו אלו להתקרב יותר מכל האומות, סתם הקב״ה את פיהם ואמר להם הביאו לי את ספר יוחסין שלכם, שנאמר הבו לה׳ משפחות עמים, כשם שבני ישראל מביאים שנאמר ויתילדו על משפחותם, לכך מנאם בראש הספר הזה אחר המצות, אלה המצות אשר צוה ה׳ את משה אל בני ישראל בהר סיני וכו׳. ומקשים אמאי ביחוס תליא.

ונ״ל כי הנה הקב״ה אמר אנכי ה׳ אלהיך וגו׳ בלשון יחיד לפי שהיו כל ישראל באחדות כמ״ש [שמות י״ט ב׳ ורש״י] ויחן שם ישראל כולם בלב אחד, וכתבו ז״ל כי לא היה באפשרי לקבל את התורה אם לא היו באחדות בשלום ובאהבה, ולכן ניתנה התורה בחדש סיון שמזלו תאומים סימן דבקות ואהבה, וכן ניתנה בהר סיני הנמוך ללמד מדת ענוה המביאה שלום. ולפי המדרש [ילקוט פ׳ יתרו רמז רפ״ו] שהבאתי בפ׳ יתרו [ד״ה ויחן] לכן ניתנה התורה במדבר ולא בארץ ישראל מפני השלום, שלא יהיו השבטים מתגרות זו בזו, זה אומר בחלקי תינתן התורה וזה אומר בחלקי וכו׳, וכתבו הטעם שצריכין לקיום התורה דוקא שלום ואחדות, כי לאדם א׳ אי אפשר שיקיים כל התורה בכל מצוותיה רק בצירוף כל ישראל חברים (עיין בס׳ חות יאיר חדש). ובספר כלי יקר [שמות שם] ראיתי הטעם כי מתוך פירוד הלבבות זה אוסר וזה מתיר ע״ש. ונראה לפע״ד להסביר הדבר, כי בודאי נמצאו הרבה מחלוקות בדיני התורה, ואמנם איתא ביבמות (דף י״ד ע״ב) אע״פ שנחלקו ב״ש וב״ה מ״מ לא נמנעו מלישא נשים זה מזה, וכן בטומאות וטהרות, לפי שהיה חיבה וריעות ביניהם, והיו מודיעים זה לזה לקיים מה שנאמר האמת והשלום אהבו ע״ש. אבל אם לא היה ח״ו שלום ביניהם ולא היו מאמינים זה לזה, ודאי שהיתה ח״ו התורה נעשית כאלף תורות והיה כל אחד בונה במה לעצמו. והנה איתא בקידושין (דף ע״א ע״ב) משפחות שמתגרות זו בזו זהו סימן פסול (ועמ״ש בזה בפ׳ שמות [ד״ה וי״ל ההמשך]). ולפי״ז מובן הא דתליא הדבר ביחוס, כי משפחות פסולות מתגרות זו בזו ואי אפשר להם לקיים את התורה אשר כל נתיבותיה שלום, ויובן בזה גם סיום המדרש דלכך תלה הכתוב את הדבר במדבר סיני, דלפי שניתנה התורה במדבר סיני להורות על השלום, בא להורות כי לישראל נאוה שהם מיוחסים.

ואולם עוד מקשים מהו הקנאה שנתקנאו אומות העולם והרי הקב"ה חזר מתחלה על כל אומה ולשון שיקבלו את התורה ולא אבו [תנחומא פ' ברכה אות ד']. וצ"ל דהקנאה היא על אשר לישראל הכריח הקב"ה שיקבלוה וכפה עליהם את ההר כגיגית ולא עשה כן לכל גוי. ואך לפי זה קשה דא"כ מהו התשובה שהשיב להם הקב"ה הביאו לי ספר יוחסין שלכם, דאם זהו המניעה שאינם ראויים לקבלת התורה מפני שאינם מיוחסים, א"כ מעיקרא מאי קסבר שחזר עליהם שיקבלוה ולא השגיח כלל ביחוס, וזו קושיא חזקה לכאורה.

והנראה לפע"ד כי לכאורה באמת יש להקשות איך רצה הקב"ה ליתן את התורה לשעיר (כדדרשינן על וזרח משעיר למו [במדרש תנחומא הנ"ל]), והלא כתב רש"י בפ' וישלח [ל"ו ב'] בת ענה בת צבעון, אם בת ענה לא בת צבעון, ענה בנו של צבעון שנאמר אלה בני צבעון ואיה וענה, מלמד שבא צבעון על כלתו אשת ענה ויצאת אהליבמה מבין שניהם, והודיעך הכתוב שכולן בני ממזרות היו עכ"ל, וע"ש עוד. וא"כ איך היה אפשר שיקבלו את התורה ויבאו בקהל ה'. ואמנם י"ל כיון שגם ישראל בשעת מתן תורה דין גרים היה להם כדאיתא ביבמות (דף מ"ו) שהוצרכו מילה והזאה וטבילה כדין גרים, וקיימ"ל גר שנתגייר כקטן שנולד דמי [שם כ"ב ע"א, ושו"ע יור"ד סי' קס"ט סעיף י'], וא"כ היה מסתלק מהם פסול ממזרות.

והנה בספר גור אריה פרשת ויגש [מ"ו י'] הקשה אהא דכתיב [במדבר י"א י' ורש"י] וישמע משה את העם בוכה למשפחותיו, והיינו על עסקי עריות שנאסר להם, הלא ישראל בקבלת התורה דין גרים היה להם, וקיימ"ל [שו"ע שם ס"א] גר נושא אחותו משום דקטן שנולד דמי, וא"כ לאותו הדור היה ראוי להתיר קירבת ערוה. ותירץ דלא אמרינן גר שנתגייר כקטן שנולד דמי, אלא בשנתגייר מדעתו וחפצו, אבל בקבלת התורה שהוכרחו לקבלה ע"י שכפה עליהם את ההר כגיגית, וגר שנתגייר בהכרח לא אמרינן בי' דכקטן שנולד דמי, ולכן בכו למשפחותם ע"ש. וע' בהקדמת שב שמעתא אות ט'.

ולפי"ז א"ש, דבשלמא אם היו האומות רוצים לקבל את התורה מחפצם ורצונם, לא היה בזה מניעה מה שאינם מיוחסים, כי היה להם הדין כקטן שנולד, אבל מאחר שלא רצו לקבלה מרצונם, ואח"כ נתקנאו בישראל על אשר לא הכריח אותם הקב"ה בכפיית ההר כאשר עשה לישראל, על זה יפה השיב להם הקב"ה הביאו לי ספר יוחסין שלכם, כי להיות שאינכם מיוחסים לא היה באפשר לתת לכם את התורה בכפיה, דבנתגייר על ידי כפיה לא אמרינן דכקטן שנולד דמי, וזה כפתור ופרח בעז"ה.

אמנם לכאורה סברת הבעל גור ארי' שכתב דבנתגייר בע"כ לא אמרינן כקטן שנולד דמי, הוי כמו הילכתא בלא טעמא. ואפשר לפע"ד להסביר הדבר עפ"י

דברי הרמב״ם ובעל אפיקי יהודה שהבאתי בפ׳ כי תשא [ד״ה עוד נראה]. והיינו כי האבות כבר השכילו לקיים כל התורה עד שלא ניתנה, והורישו זאת לבניהם אחריהם, והוכשרו כולם לקבל את התורה בטהרה, אך שבמצרים נתגשמו מרוב עבודה והיתה הכפיה רק להסיר את המסך המבדיל ע״ש. ולפי״ז אתי שפיר כיון דמצד הסברא החיצונה לא מהני כפיה, אלא מחמת שאנו בני אברהם יצחק ויעקב ונפשותינו מדובקים בה׳ כאשר הורו אותנו, לכן מהני הכפיה. ולפי״ז א״ש דכיון שרק מחמת כפיה נתגיירו לא שייך לומר כקטן שנולד דמי ושאין לו עוד יחוס לאבותיו, דא״כ הוי תרתי דסתרי, כי במה נפשך אם אין יחוס, א״כ כל הגירות לא אהני כיון שהיה ע״י כפיה.

ובהמשך לאלה המצות וגו׳ אפשר לפע״ד לומר עוד, עפ״י הא דאיתא במדרש [ילקוט פ׳ יתרו רמז רפ״ו, עמודי הספר דף פ״ו סוף טור ד׳] דלכך ניתנה התורה במדבר סיני ולא בארץ ישראל, שאם ניתנה בא״י היו האומות אומרים כשם שאין לנו חלק בארצם כך אין לנו חלק בתורתם (ע׳ פ׳ הברכה [ד״ה ויאמר]), וזהו ההמשך אלה המצות וגו׳ בהר סיני ולא בארץ ישראל, שמתוך כך נתקנאו בהם או״ה ולזאת הוצרכו ישראל להתיחס במנינם ויתילדו על משפחותם.

עפ״י מש״ל נראה לפע״ד לפרש המדרש [רבה פ׳ ויקהל מ״ט ב׳] בפסוק [שיר השירים א׳ ה׳] שחורה אני ונאוה, שחורה אני במצרים ונאוה בסיני. ולכאורה צ״ע מה חידש לנו בזה (ע׳ בס׳ קול יעקב [שיר השירים שם, דף ו׳ ע״ב לדפי הספר] ועמ״ש עוד בזה בפ׳ כי תשא [ד״ה וי״ל בזה]). וי״ל עפ״י הא דאיתא בזוה״ק בפרשת שמות [דף ט״ו ע״א] וז״ל: כד חמא קב״ה דאשתכלל עלמא תחתא כגונא דעלמא עילאה יעקב ותריסר שבטין, אמר דילמא ח״ו יתערב בשאר עממין וישתאר פגימותא בכולי עלמין, מה עביד. טלטלינהו מהכא להכא וכו׳, ונחתי למצרים למידר בעם קשי קדל, דמבזין לנמוסיהון ומבזין לאתחתנא בהון, געלין בהון דכירין געלין בהון נקבין, עד דאשתכליל כולהו בזרעא קדישא, בין כך ובין כך שלים עון אמורי ושאר עממין, וכד נפקין נפקו זכאין קדישין כמד״א שבטי יה עדות וגו׳ ע״כ. ופירושו כי השית״ש רצה שיהיו ישראל מובדלים מכל האומות שלא יתערבו בהם, ובארץ כנען היו בני ישראל חשובים והיה מקום לחוש פן יתחתנו בהם ויתערבו בגוים, לכן הגלם למצרים אשר געלו אותם, ועל כן נשארו זרע קודש. וז״ש המדרש שחורה אני במצרים, כלומר מה שהייתי שחורה ומבוזה במצרים שלא אבו להתחתן בי ונשארתי נקי מכל שמץ פסול, זאת גרם לי להיות נאוה בסיני לקבל את התורה אפי׳ ע״י כפיה וק״ל. (ועמ״ש עוד אי״ה בפרשת וזאת הברכה [בסופו, ד״ה עוד נ״ל]).

עוד י״ל המדרש הזה, עפ״י הא דאיתא במס׳ שבת (דף פ״ח ע״ב) ואמר ר׳

אפריון

יהושע בן לוי בשעה שעלה משה למרום, אמרו מלאכי השרת לפני הקב"ה רבש"ע מה לילוד אשה בינינו, אמר להם לקבל תורה בא, אמרו לפניו חמדה גנוזה שגנוזה לך תתקע"ד דורות קודם שנברא העולם אתה מבקש ליתנה לבשר ודם, מה אנוש כי תזכרנו ובן אדם כי תפקדנו, ה' אדוננו מה אדיר שמך בכל הארץ אשר תנה הודך על השמים, אמר לו הקב"ה למשה החזיר להן תשובה וכו', אמר לפניו רבש"ע תורה שאתה נותן לי מה כתיב בה אנכי ה' אלהיך אשר הוצאתיך מארץ מצרים, אמר להם למצרים ירדתם, לפרעה השתעבדתם, תורה למה תהא לכם וכו'. וממילא מובן המדרש כי לולי שהיינו במצרים לא היינו יכולים לקבל את התורה, דכתיב בה אנכי ה' אלהיך אשר הוצאתיך מארץ מצרים.

To Him Who Gloweth Like The Son of Bithia!

בית כנסת דלוס אנג'לס

BKLA

BEIS KNESSES of LOS ANGELES

ליל שבועות תשפ״ד

ALL NIGHT LEARNING

2024

HOUR

4

וכיון דאיתחזק בבי דינא. פי' הקונטרס שכתוב בו הנפסק וקשה דמכל מקום ניהמנה במיגו דאי בעי קלתיה וי"ל דאיתחזק בבי דינא שרלוהו בידה כי ההוא דשילהי מי שמת (ב"ב דף קנט:) שהוחזק כתב ידו בבית דין: **סמפון** שיש עליו עדים. פ"ה שובר ויוצא מתחת ידי לוה כמשפטו ור"ת פירש דמיד הלוה קרוי שובר וכשהוא יוצא מתחת ידי המלוה קרוי סמפון ויתקיים בחותמיו היינו דשיילינן לסהדי אי פריע אי לא פריע כדאיתא שילהי פ"ק דב"מ:

אין עליו עדים ויוצא. השטר והסמפונות מתחת ידי שליש כשר משמע ליה אפילו איתחזק דומיא דיוצא אחר חיתום שטרות. א"נ יש לפרש לאו דאין עליו עדים כלל אלא יש עליו עדים ולא ידעי אי פריע אי לא פריע ויוצא הסמפונות מתחת ידי שליש: **ויוציא** מנה על מנה. מכאן למתחייב בדין דלא משלם לאידך יציאותיו אע"פ שמזקיקו לילך לו לדון בעיר אחרת:

ואם אמר כתבו ותנו לי מאיזה טעם כו'. דוקא היכא דנתעצמו לדון כו' וכפו אותו לדון כאן אבל בעלמא לא וכן משמע באיזהו נשך (ב"מ דף סט. ושם) גבי תרי כותאי דעבוד עיסקא דא"ל חוצא דכל גמר דידי קאזיל מר וקאמר כי האי ודאי צריך לאודועי מיהא יש לדחות דהכי קאמר כי האי ודאי צריך לאודועי אע"פ שאין שואל מאיזה טעם נתחייב צריך לאודועי אבל בעלמא אי שאיל אין אי לא לא:

אי ציית ציית. אין לפרש אי לא ציית שלא תוכלו לכופו דכ"ש שלא יוכל נשיא לכופו דהכא שבטו והתם מחוקק ומר עוקבא ריש גולה הוה אלא מפר"ת אי לא ציית כגון דאמר לב"ד הגדול קאזילנא:

הדרן עלך זה בורר

קלתיה. שרפתו הלכך מה לה לשקר: דאיתחזק בבי דינא. שכתוב בו הנפסק לא אלימא איהי לאפקועי מעשה ב"ד: סימפון. שובר ויוצא מתחת יד לוה כמשפטו: יתקיים. (ג) השטר בחותמיו יעידו עדים על חתימות ידיהן וכשר: אין עליו עדים. והרי הוא יוצא מתחת יד שליש ולא מתחת יד הלוה הואיל ושניהם מודים שזה מינהו להיות שליש ביניהם כשר: או שיצא אחר חיתום שטרות. בתוך שטר המלוה נכתב השובר תחת העדים כשר שהרי המלוה עצמו מוחזק בשטרו ואי לאו דפרעיה לא הוה שביק למיכתב תברא בגויה: עד שיסתתם טענותיו. משמע שאמר בבית דין אין לי לא עדים ולא ראיה וחזר ואמר קרבו פלוני ופלוני שהיו מזומנין שם ומתחילה סותם טענותיו לומר אין לי: הא גופא קשיא. יסתתם טענותיו משמע מכיון שיסתמו שוב אין מביא ראיה ואפילו מצאם לאחר זמן כרבנן והדר קתני קרבו דמשמע דהאי הוא דלא מייתי דאפי' רשב"ג מודה בו אבל מצאם לאחר זמן מייתי כרבן שמעון: ואמר אין לי עדים. ואפילו מצאן לאחר זמן אינו סותר כרבנן: דסקיא. שק של עור שהיו שטרותיו של אביו מונחין בו: התוקף את חבירו בדין. בעל דין קשה ומטריח את חבירו ואין רוצה חבירו לדון כאן אלא למקום ועד תלמידי חכמים הרבה שיהא זה טוש מהם: נתעצמו. שנעשו קשין זה לזה: אפילו מטבריא לציפורי. אע"פ שישבת טבריא גדולה משל ציפורי הלך אחריו לציפורי: והאמר רבי אלעזר. והא חזינן דפליג עלה ר' אלעזר לעיל ויהיב טעמא למילתיה (ד) דמסתבר טעמא: היכא דקאמר לוה. נלך למקום הוועד כופין אותו וידון כאן ולא יוליא זה מנה על מנה: מר עוקבא. אב ב"ד הוה במסכת שבת בבמה בהמה יוצאה (דף נה.): לדזיו ליה כבר בתיה. כמשה שהוא בן בתיה למי שמקרין עור פניו כמשה רבינו שגידלתו בתיה בת פרעה לשון אחר כבר ביתיה כמשה שהוא בן בית דכתיב (במדבר יב) בכל ביתי נאמן הוא לדזיו ליה על שם שהיה חכם וכתיב (קהלת ח) חכמת אדם תאיר פניו ומצאתי בספר הגדה שהיה מר עוקבא בעל תשובה שנתן עיניו באשה אחת והעלה לבו טינא ונפל בחולי ואשת איש היתה לימים נצרכה ללות ממנו ומתוך דוחקה נתרצית לו וכבש יצרו ופטרה לשלום ונתרפא וכשהיה יוצא לשוק היה נר דולק בראשו מן השמים ועל שם כך קרי ליה ר' נתן נוציתא במסכת שבת (דף נו:) הכא נמי להכי כתבו ליה הכי על שם האור שהיה זורח עליו: עוקבן הבבלי קבל קדמנא. לעק לפנינו ואמר ירמיה אחי העביר עלי את הדרך איבד ממני דרך בני אדם שהירסו כך שמעתי וי"א העביר עלי את הדרך לא נהג עמי כשורה ועל עסקי ממון היה צועק: אמרו לו. לירמיה להתפייס עמו: השיאוהו ויראה פנינו בטבריא. הכריחוהו והזקיקוהו לבוא כאן לדון עמו: דיני קנסות. אלהים כתיב בהן (שמות כב) ובעינן סמוכין ובבבל אין סמיכה כדאמרינן בפרק קמא (דף יד.):

קלתיה[א] כיון דאיתחזק בבי דינא איבעיא קלתיה לא אמרינן איתיביה רבא לרב נחמן [ב] סימפון שיש עליו עדים יתקיים בחותמיו אין עליו עדים (א) ויצא מתחת ידי שליש או שיצא אחר חיתום שטרות כשר אלמא שליש מהימן תיובתא דרב נחמן (תיובתא[ב]) כי אתא רב דימי אמר ר' יוחנן לעולם מביא ראיה וסותר עד שיסתתם טענותיו ויאמר קרבו פלוני ופלוני והעידוני הא גופא קשיא אמרת יסתתם טענותיו אתאן לרבנן והדר אמרת קרבו איש פלוני ופלוני והעידוני אתאן לרשב"ג וכי תימא כולה רשב"ג ופרושי קא מפרש מאי עד שיסתתם טענותיו עד שיאמר קרבו פלוני ופלוני והעידוני והא אמר רבה בר בר חנה א"ר יוחנן כל מקום ששנה רבן שמעון בן גמליאל [ג] במשנתינו הלכה כמותו חוץ מערב וצידן וראיה אחרונה אלא כי אתא רב שמואל בר יהודה א"ר יוחנן לעולם מביא ראיה וסותר עד שיסתתם טענותיו ויאמרו לו הבא עדים ואומר אין לי עדים הבא ראיה ואומר אין לי ראיה אבל באו עדים ממדינת הים או שהיתה דיסקיא של אביו מופקדת ביד אחר הרי זה מביא ראיה[ד] וסותר כי אתא רב דימי אמר רבי יוחנן התוקף את חבירו בדין אחד אומר נדון כאן ואחד אומר נלך למקום הוועד כופין אותו וילך למקום הוועד אמר לפניו רבי אלעזר רבי מי שנושה בחבירו מנה יוציא מנה על מנה אלא כופין אותו ודן בעירו איתמר נמי א"ר ספרא (אמר רבי יוחנן[ה]) שנים שנתעצמו בדין א' אומר נדון כאן ואחד אומר נלך למקום הוועד כופין אותו ודן בעירו ואם הוצרך דבר לשאול כותבין ושולחין ואם אמר כתבו ותנו לי מאיזה טעם דנתוני כותבין ונותנין לו והיבמה הולכת אחר היבם להתירה עד כמה אמר רבי אמי אפילו מטבריא לצפורי אמר רב כהנא מאי קרא [א] וקראו לו זקני עירו ולא זקני עירה אמר אמימר הילכתא כופין אותו וילך למקום הוועד א"ל רב אשי לאמימר והא אמר רבי אלעזר [ו] כופין אותו ודן בעירו הני מילי היכא דקאמר ליה לוה למלוה אבל מלוה [ב] עבד לוה לאיש מלוה שלחו ליה למר עוקבא לדזיו ליה כבר בתיה שלם עוקבן הבבלי קבל קדמנא ירמיה אחי העביר עלי את הדרך ואמרו[ז] לו השיאוהו ויראה פנינו בטבריא הא גופא קשיא אמרת אמרו לו אלמא דיינוה אתון[ח] השיאוהו ויראה פנינו בטבריא אלמא שדרוהו הכא אלא[ט] הכי קאמרי אמרו (ג) ליה דיינו אתון אי ציית ציית ואי לא השיאוהו ויראה פנינו בטבריא רב אשי אמר דיני קנסות הוה ובבבל לא דיינו דיני קנסות והא דשלחו ליה הכי כדי לחלוק כבוד למר עוקבא:

הדרן עלך זה בורר

רבינו חננאל

איבעיא קלתיה. ואותיב עליה רבא מיהא סימפון שיש עליו עדים. פי' זה הסימפון שובר, יתקיים בחותמיו, אין עליו עדים אבל יוצא השטר מתחת ידי שליש או שיצא סימפון כתוב בשטר אחר חיתום שטרות כשר. וזה מפורש בסוף פרק שנים אוחזין בטלית, אלמא שליש מהימן, ועלתה בתיובתא לרב נחמן וקי"ל שהשליש נאמן וכן הלכה. ואסקוה לשמעתא משמיה דר' יוחנן. לעולם מביא ראיה וסותר עד שיסתתמו טענותיו, כיצד אמרו לו הבא עדים אמר אין לי עדים הבא ראיה אמר אין לי ראיה בטלו ראיותיו, אבל אם באו לו עדים ממדינת הים או שהיתה דסקיא של אביו מופקדת ביד אחרים הרי זה מביא וסותר. א"ר יוחנן שנים שנתעצמו בדין אחד אומר נידון כאן ואחד אומר נלך לבית הוועד, אם המלוה אומר כך שומעין לו. ואם הלוה אומר כך [אין] שומעין לו, דא"ר אלעזר הנושה בחבירו מנה יוציא מנה על מנה. כלומר יוציא הוצאות בדרך עד שילך [לבית] הוועד מנה אחר. אלא כופין ללוה ודן בעירו, ואם הוצרך הדבר לישאל כותבין ושומעין מבית הוועד, ואם אמר כתבו לי מאיזה טעם דנתוני כותבין ונותנין לו. וכן אמר אמימר הלכתא כופין הלוה והולך לבית הוועד אם אמר מלוה נלך לבית הוועד מאי טעמא עבד לוה לאיש מלוה, אבל אמר לוה הכי לא משגחינן ביה אלא כופין אותו ודן בעירו א) (כ"ש הא דר' אלעזר), והיבמה הולכת אחרי היבם להתירה שנא' וקראו לו זקני עירו ולא עירה, א"ר אמי אפי' מטבריא לציפורי היא הולכת אחריו: שלחו ליה למר עוקבא לדזיו ליה כבר בתיה שלם, פי' לדזיו ליה כמו משה רבינו דכתיב ביה כי קרן עור פניו, וכתיב ביה בכל ביתי נאמן הוא, וי"א בן בתיה בת פרעה מפני שגידלתו. ירמיה אחי העביר עלי את הדרך. יש מי שמפרש העביר עלי דרך בני אדם וחבל בי הכה ופצוע, שהן דיני קנסות שלא יתכן לדונן אלא בארץ ישראל, ומפני מה כתבו לו אמרו, כלומר אמרו לו הדין שם ואי צאית צאית ואם לאו השיאוהו כופהו ויעלה אצלנו בטבריא מפני כבודו שלחו לו כך: ירושלמי כל זמן שמביא ראיה סותר את הדין ר' אילא ור' זירא חד אמר עד שיבטל ראיותיו וחד אמר עד שיכפור בראיותיו, ר' לוי הוה ליה דין עם חד בר נש על עסק בתים והוה דיינין קומי ר' אלעזר, לאחר שנגמר הדין הביא ראיה אתא שאל לר' יוחנן א"ל כל זמן שהוא מביא ראיה הוא סותר את הדין ואפילו אתעביד ליה גזר דין: **תוספתא** יש לך עדים או ראיה ואמר אין לי אלא אלו לאחר זמן מצא עדים או ראיה אין מקבלין ממנו עד שיביא ראיה שלא היה יודע בהן לעולם, אין העדים יכולין לחזור בהן משתחקר עדותן בב"ד וכו', עד אם לא יגיד ונשא עונו כיון שהגיד שוב אינו חוזר ומגיד: **הדרן עלך דיני ממונות**

עין משפט נר מצוה

מסורת הש"ס עם הוספות

הגהות הב"ח

תורה אור השלם

א) וְקָרְאוּ לוֹ זִקְנֵי עִירוֹ וְדִבְּרוּ אֵלָיו וְעָמַד וְאָמַר לֹא חָפַצְתִּי לְקַחְתָּהּ: [דברים כה, ח]

ב) עָשִׁיר בְּרָשִׁים יִמְשׁוֹל וְעֶבֶד לֹוֶה לְאִישׁ מַלְוֶה: [משלי כב, ז]

ליקוטי רש"י

הגהות וציונים

א] בכת"י נוסף א"ל: ב] רש"ל מ"ז (גליון) המהרש"ל לא מחקו כי תיבה זו ליתא בכת"י ובדפו"י, ואדרבה מהרש"ל הוסיף תיבות "דרב נחמן" שג"כ ליתא בדפו"י (דק"ס) ובדפו"ח הוסיפו ג"כ עוד פעם תיבת "תיובתא" (אולי ע"פ הרי"ף והרא"ש): ג] תיבת "ראיה" ליתא בכת"י ובראשונים: ד] רש"ל מ"ז (גליון) לא ידעתי למה מחקו (יפה עינים, עי' רש"ש) ועי' דק"ס וביד רמ"ה: ה] צ"ל אמרו (רש"ש, יעב"ץ עיי"ש) וכ"ה בכת"י אמרו: ו] בכת"י נוסף והדר קאמרת: ז] בכת"י שדרוהו להבא, הכי קאמר (ותיבת "אלא" ליתא, ובאמת הוא מיותר, דק"ס): ח] ברש"י שבריי"ף מודים שהאמינוהו (וכן העתיק בתוס' הרא"ש): ט] בראשונים העתיקו במקום י] צ"ל הולכת (רש"ש) וי"ג תלך (דבש תמר, באה"מ) וכ"ה ברי"ף אלמאנדרי: כ] צ"ל כיון: ל] רש"ל מוחק כל הדיבור [אולם הבעל פסקי תוס' ציין עליו] (גליון): מ] בראשונים אע"פ שהזקיקו לילך לדון (ותיבת "לו" ליתא):

חשק שלמה על ר"ח א) אולי צ"ל וכמו שאמר ר"א.

(דף נה.): לדזיו ליה כבר בתיה.
כמשה שהוא בן בתיה למי שמקרין
עור פניו כמשה רבינו שגידלתו בתיה
בת פרעה לשון אחר כבר ביתיה כמשה
שהוא בן בית דכתיב (במדבר יב) בכל
ביתי נאמן הוא לדזיו ליה על שם
שהיה חכם וכתיב (קהלת ח) חכמת
אדם תאיר פניו ומצאתי בספר הגדה
שהיה מר עוקבא בעל תשובה שנתן
עיניו באשה אחת והעלה לבו טינא
ונפל בחולי ואשת איש היתה לימים
נצרכה ללות ממנו ומתוך דוחקה
נתרצית לו וכבש יצרו ופטרה לשלום
ונתרפא וכשהיה יוצא לשוק היה נר
דולק בראשו מן השמים ועל שם כך
קרי ליה ר' נתן צוציתא במסכת שבת
(דף נו:) הכא נמי להכי כתבו ליה הכי
על שם האור שהיה זורח עליו:

שם העביר עלי את הדרך ואמרו. נ״ב האל״ף נקודה חיר״ק לשון ליווי ובקשה למר עוקבא דרך כבוד בלשון רבים [וי״ל ג״כ דר״ל הוא ובית דינו] שיאמר לירמיה שהוא בבבל במקומו של מר עוקבא ואם לא ניית השיאוהו שיבא לא״י ויראה פני הב״ד והנשיא השוכן בטבריא. שהם שלחו לו למ״ע על אודות עוקבן שבא מבבל לא״י וקבל שם אבל השבט על אחיו הדר עדיין בבבל. שיעשה עם ירמיה דרך פיוס לאחיו או שיכוף אותו לעלות לא״י לדון שם עם עוקבן אחיו וכ״מ בתוס׳:

[יעב״ץ]

[illegible]

בתיה עם חיריק או עם פתח

Bisya of Basya (Batya)

דברי הימים א' ד:יח

וְאִשְׁתּוֹ הַיְהֻדִיָּה יָלְדָה אֶת יֶרֶד אֲבִי גְדוֹר וְאֶת חֶבֶר אֲבִי שׂוֹכוֹ וְאֶת יְקוּתִיאֵל אֲבִי זָנוֹחַ וְאֵלֶּה בְּנֵי בִּתְיָה בַת פַּרְעֹה אֲשֶׁר לָקַח מָרֶד

רבינו אברהם אבאל"ה פאסוועלער

ווילנה **1762-1836**

ממיסדי ישיבת רמיילס וישיבת וולוז'ין

היכר בכתיבת השם בגט שלא יטעו לקרות בגט כפי שהוא נק' בכתוב. ומכש"כ בנד"ד כנ"ל וכ"ז אם הוא שיבוש. ומכש"כ לפי מש"כ ר"פ מעכ"ת שנראה לו שמה שכותבין וקוראין העולם הושיע ביו"ד החירק היינו כדי שלא יטעו שזהו שם הקודש הושע כשם הנביא הושע ורצונם להפריש, ע"כ משנים וקורין הושיע בחירק ויוד עכ"ל.

הנה טוב ויפה הדבר הזה ובטוב העולם נידון שעושין כן כדי להבדיל ולהורות שאינו שם הק' כנ"ל כ"א שם כינוי וקיצור ולא שם קוד' בפ"ע, נמצא לפ"ז מכש"כ שאין זה נק' שיבוש כלל וכלל. [ומה שאין העולם קורין בשורק הושע כפי שכתוב בתורה ולכתוב מלא וי"ו דאז ג"כ הי' הפרש בין שם הקודש הושע הנ"ל. נלע"ד ע"פ מה שארז"ל ע"פ ויקרא משה להושע ב"נ יהושע שהתפלל עליו שיושיעו השי"ת ע"כ י"ל ג"כ שלכן קורין העולם בחירק שזהו לשון תפילה לעתיד משא"כ בשורוק].

נמצא לפ"ד ר"פ מעכ"ת הנ"ל שבכיון עושין כן העולם לקרות כנ"ל נתחזקה עוד יותר הריעותא דשינוי השם הנ"ל, ואיך שיהי' כיון שכתוב בגט כשם הנביא וכשם ספרו המורגל בפ"כ הו"ז שינוי השם כמש"כ בט"ג ס"ק ה' וס"ק י' הנ"ל באין חולק כלל בזה. ומה בכך שנדמה לשם ישעי' ויחיאל, א"כ אדרבה כיון דאין צריך לכתוב כלל הקיצור כמו בשמות הנ"ל. וגם אין דרך בכל הכתבים לכתוב קיצור שם הנ"ל, אדרבה ע"כ הוי ידים מוכיחות עפי שמה שכתב בהגט הושע אינו קיצור שם הנ"ל, כ"א שזהו שם הק' דהנביא הנ"ל שניתן להמגרש מחמת אולי ע"פ הגורל שעלה בחומש [או תרי עשר] כנהוג, כאשר הארכתי בזה במכתבי הקודם.

ועו"פ מה שכתוב מהרא"ח בשם דניאל כנ"ל מתיישב שפיר מנהגינו בשמות נשים שנק' בתיה שכותבין כן בגט, וכ"כ הט"ג שאם חותמת עצמה בסיא יש לכתוב כן, ואם אין חתימתה ידוע יש ליכתוב בתיה וכמש"כ בשם תאנה. ולכאורה קשה הא בשם טאנא מסיק הט"ג עצמו שאם נק' בקמץ אין ליכתוב כשם קודש תאנה כ"א טאנא מחמת שינוי הניקוד. והרי גם שם הק' בתיה בת פרעה היא בחירק בד"ה ושמות הנשים הנ"ל הוא בפתח. וע"פ הנ"ל לענ"ד א"ש די"ל הטעם דשא"ה משום שמורגל בפי העולם לקרות שם בתי' בת פרעה בכ"מ שמוזכרת בדברי רז"ל בפתח בשיבוש שלא כפי הניקוד, שבכתוב הנ"ל, וממילא גם הקורא בגט יקרא כפי הרגל העולם, [ותמיהני שלא העיר מזה כלום הט"ג].

גם י"ל עוד דגם בזה לא בשיבוש עושין כן העולם ובטוב העולם נידון שבכיון עושין כן העולם, יען שבשם בתיה בת פרעה בחירק הוא שם הניתן לה בעת לידתה שלא בקדושה, וע"כ אין הוראתו בקדושה כשארי שמות הק' המורים איזה משמעות טוב בנוטריקון וכה"ג. ויען שנעשית צדקנית כשגדלה מתרע"ה כפי שמוזכרת תמיד לשבח בדרז"ל, ובזה"ק הפליג במעלתה בג"ע מעל לכל נשים שאננות. ע"כ עמב"י מקדמת דנא רצו להרגיל על שפתם של צדקת זו בשינוי מעט בפתח ר"ל בתיה בכדי להזכירה לשבח ע"ד זל"ל.

ולא בשם מצרי, [אשר לא כן עבדה במשה רבע"ה שקראהו בשם ק' לד' רוב מפרשים]. ואיך שיהיה עכ"פ יהי' בזה נ"מ לדינא, כי אם הי' העיקר כפי הניקוד שבכתוב אם הי' נכתב בגט ביתיה בדעבד אין הפסד בזה שהי' החסר מלא, כיון שאין כאן שני שמות בפ"ע כדאי' בש"ע ובפוסקים. אבל כיון שצריך לכתוב ולקרות דווקא כפי שקורין העולם כנ"ל, ע"כ אם כתב בגט ביו"ד אחר הב' כנ"ל הוי שינוי השם.

ובנידון דעת בעה"ע שהביא ר"פ מעכ"ת, וסיים בזה"ל ובד' בעה"ע אי בענין שם הבעל ג"כ בעי ערעור הבעל, הא לא"ה כשר (אל) נתבאר במ"א עכ"ל. הנה משמעות הפוסקים ושו"ת דדעת בעה"ע הנ"ל נאמרו רק בהני דקדוקים שבסי' קכ"ו, כדי דלא לפרש אותם התיבות בע"א ע"כ יש לתלות בערעור הבעל, משא"כ בשינוי השמות דלא תלי כלל בהבעל, וכן פסק בהדי' בס' ג"פ סי' קכ"ו ס"ק ס"ע ומביא שם שכ"כ הרא"ס ז"ל וש"פ. ותו דאף במקום שתלוי בערעור הבעל לד' בעה"ע והבעל אינו מערער, מ"מ איתא בשו"ת נו"ב מהדורא ב' ס"ס קי"ג וז"ל. איך נכנים האשה כזאת בסכנה עצומה להתירה לשוק ולמחר יבוא הבעל ויערער כו' עכ"ל. וה"ה בנד"ד. וא"כ אף שהבעל ציוה להסופר לכתוב ע"פ דעת המסדר מה יוסיף תת כחו בזה, אטו בדעת הבעל תלי' מלתא, אף שיאמר בפירוש לכתוב שמו שלא כראוי לא מפיו אנו חיים, דהרי לא יקויים בזה וכתב לה ספר שיהי' דרך ספירת דברים כראוי ליכתוב השם, והרי ציוי הבעל להסופר לכתוב כד' המסדר מועיל רק כדי שנוכל לכתוב גט אחר בשביל חומרא יתירה ולא להקל. ואף צירוף עידי מסירה מה יועילו בזה דלהוי דרך ספירת דברים. והרי כל הני דפסלי הפוסקים משום שנוגע לשינוי השם וכמו בשם עובד וצדוק שהבאתי במכתבי הקודם וכה"ג, בוודאי מיירי שהי' עידי מסירה דהא בכל גט חיובא רמי' שיהי' עידי מסירה ובלא ע"מ י"א שהגט פסול, וי"א שהגט בטל, אף שיש עידי חתימה ואף שנכתב הגט כהוגן, ובכל גט אנו תולין שבוודאי נמסר בע"מ כדאי' בש"ע, ואעפ"כ לא מהני בזה ע"מ כנ"ל.

עוד המוהי ראיתי אור מה שהמציא פמעכת"ה בשלהי תשובתו בנידון שם הנשתקע הנ"ל, דלפמש"כ האחרונים באותן הכינויים שאין להם שייכות לשם הק' היינו מחמת שלפעמים מחולקים האב ואם בקריאת הבן הנולד כ"א אומר ע"ש אבותי יקרא שמו, ע"כ לפעמים מפשרין ביניהם שבשם הק' יהי' ממשפחת צד אחד, ושם החול ממשפחת צד השני, נמצא עפ"ז אין שום הכרח משם ליב שיובן מזה שיש לו שם הק' יהודה, דהא אפשר דשם הק' של ליב ניתן לו מעריסה יהושע. ואי משום דהא דהזינן דשם יהושע יש לו הכינוי הושיע אלמא דשם ליב היא כינוי לשם ק' אחר, משום הא לא איריא דהא יש ב"א שנקראים בפ"כ בשם הק' בצירוף שם כינוי החול ביחד כמו שיש הניק' בפ"כ יודא ליב, וכדאי' עובדא כה"ג בשו"ת ב"א סי' פ"ב, ובס' בינת אדם ש' בית הנשים אות ל"ג. ומסתמא גם בעובדא הנ"ל הי' נק' כן בפ"כ ע"ש

וצא ולמד ממ"ש בב"ר ס' וישב ס"פ פ"ז, דאשת פוטיפרע היתה אומרת ליוסף הצדיק, חותכת אני פרנסה שלך, והיה אומר לה נותן לחם לרעבים ע"ש. ואדרבא סופו לבא לידי עונש זה כדכתיב, כי בעד אשה זונה עד ככר לחם. וכדאי' בסוטה כי קריה לשומשי נמצא דזה גורם לקפח פרנסתו. וידוע מעשה דנתן צוציתא והובא בס' הנחמד מ"צ סימן תר"א (הספור הובא בספר המעשיות לר"פ גאון ילקוט ספורים שמות מט) וזה נוסחו, מעשה דנתן צוציתא ויהי איש אחד מעשירי ישראל שמו נתן צוציתא ויאהב אשה בעולת בעל, שמה חנה, והיה בעלה עני ביותר, והאשה הזאת היתה יפה עד מאד, ויצר לנתן לחלות בעד חנה, נכנסו עליו הרופאים אמרו לו לא תוכל להרפא עד שתשכב עמה, ואמרו לו חכמי ישראל ימות ואל יעבור עבירה זו, אמרו הרופאים תבא ותספר עמו. ואמרו חכמים, ימות ואל תספר עמו. ויאריך חוליו מאד. והיו חובות הרבה על בעל חנה, ויקחוהו ויתנוהו אל בית הסוהר כי לא היה לו מה ליתן לבעלי חובותיו, והיתה אשתו טוה ביום ובלילה וקונה בדמי המטוה מאכל, והיתה מולכת לו לאכול. ויהי ימים רבים במשמר ותקצר נפשו למות, ויהי היום, ויאמר לאשתו, הפודה נפש אחת מישראל ממיתה, כאלו קיים עולם מלא, ואני קצתי בחיי בבית הסוהר חושי ולכי לנתן צוציתא ובקשי ממנו שילוה לי הממון, ויפדה את נפשי ממות. ותאמר אם לא שמעת שהוא חולה ונוטה למות בעבורי ובכל יום ויום יבואו לי שלוחיו בממון הרבה, ואיני מקבלת מהם, ואומרת להם שלא יראה פני לעולם ואיך אלך אליו שילוה לי ממון, אם היה לך דעת. לא אמרת אלי כדבר הזה שמא בהאריך יסורך יצאת מדעתך, ותקצוף עליו ותלך לביתה בחרי אף ולא באה אליו שלשת ימים. ויהי ביום הרביעי ותחמול עליו ותאמר אלכה ואראנו בטרם ימות, ותלך ותמצאהו נוטה למות, ויאמר לה הקב"ה יבקש עלבוני וחמסי ממך ותתפש בעוני, אבל אני רואה שתרצי שאמות בכאן ותנשאי לנתן לאשה, ותאמר לו גרש אותי, ועזבני, ולא אבא אליו באיסור. ויאמר הלא זה דברי. שאת חפצה להנשא לו, ותצעק בקול גדול ותפול על פניה ותאמר מי שמע כזאת ואיש כזה יאמר לכי נאף והטמאי והוציאני מבית האסורים. ויאמר לה בעלה לכי ממני ועזבני עד שירחם הקב"ה עלי, ותלך לביתה ותחשוב בצרתה ובצרת בעלה, ותחמול עליו, ותברר לבבה ותתפלל חנה ותאמר, אנא ה', הצילני והושיעני שלא אכשל בעבירה. ותלך לבית נתן. ויראו סריסיו וימהרו לנתן להגיד הנה חנה עומדת בשער, ויאמר להם אם אמת

הדבר תהיו חופשים. ותבא בחצר, ותאמר לו שפחתו הנה חנה באה ויאמר לה גם את תהי חפשית, ותבא אליו חנה וישא עיניו ויאמר גבירתי מה תרצי ומה שאלתך וינתן לך ומה תבקשי ותעשה ותאמר שאלתי ובקשתי שתלוה לאישי כך וכך שהוא חבוש ואסור בבית האסורים מהיום כמה ימים ולך תהיה צדקה מאת ה׳, וצוה לעבדיו להוציא הממון וליתן לה חפצה ויאמר לה הנני עשיתי רצונך ואת ידעת שאני חולה מאד מאהבתי בך ועתה עשי רצוני והחייני, ותאמר לו חנה בידך ותחת כנפך ואין לי להמרות את פיך אבל הודיעך שבא לך שעת חיי עוה״ב והזהר שלא תפסיד שכרך הטוב לעוה״ב בדבר מועט ואל תאסריני אל אישי ותחשוב שהגעת לחפצך ואל תאבה רע במעט ותשאר כאשר יכלה ויתם בחרטה. ותחשוב ביסורי הקב״ה ואל תעשה דבר שתתנחם באחריתך ראה במי ששמע ליצרו כמה יתנחם בלי תועלת, חז לך שעה קלה ומועטת לקנות חיים ארוכים ושכר טוב בעה״ז ובעוה״ב, שלא יוכל כל אדם להגיע לדבר זה אלא בעמל הרבה וביגעה גדולה ואתה הגעת לרצון בוראך בשעה קלה אם תשמע לשכלך ותגער ביצה״ר ואשריך. כשמוע האיש דבריה ויגער ביצר הרע [דף סט] ויקם ממטתו, ויפול על פניו ארצה, ויתפלל ויתחנן לפני ה׳, להכניע יצרו ולשבר תאותו ולהדריכו בדרך הטובה וישרה ולהורות לו תשובה שלימה, ולסלות עונותיו, ויענהו השם בהכניעו לפניו ויעתר לו. ויאמר נתן לחנה ברוכה את וברוך טעמיך אשר מנעתני מבא בדמי העבירה והושעתני, לכי לשלום לביתיך, ותלך האשה ותפדה את בעלה ותוציאהו מבית הסוהר, ותגד לו את אשר עשתה, ולא האמין לה בעלה כי חשד אותה שנתן בא עליה והיא העלימה ממנו. ויהי כי ארכו הימים וישקף רבי עקיבא בעד החלון וירא איש רוכב על סוס ועל ראשו זיו גדול וזוהר מזהיר כשמש, ויקרא אליו אחד מתלמידיו ויאמר לו מי הוא זה האיש הרוכב על סוס, ויאמרו לו זה הוא נתן רועה זונות, ויאמר לתלמידיו התראו על ראשו, ויאמרו לו לאו, ויאמר מהרו והביאוהו אלי ויבא לפניו ויאמר בני ראיתי על ראשך אור גדול בלכתך, ואני יודע שאתה מיורשי עוה״ב, ויאמר, ועתה הודיעני מה עשית, והודיעו כל דברי חנה, ויתמה רבי עקיבא מאוד על התאפקו והכנעו בכבוש יצרו הרע ורחקו מהעונות ושבו בתשובה שלימה. א״ל אמנם עשית הדבר הגדול וע״כ הזריח הקב״ה על ראשך זיו גדול שראיתי, והנה זה בעה״ז, אבל כמה וכמה הטוב צפון לך בע״הב, ועתה בני, שמע וקח עצתי, ושב לפני ותלמד תורה ויעש ויפתח הפתח ואין סוגר את לבו בתורתו, לימים מועטים הגיע למעלה גדולה מאד בחכמה וישב לפני רבי עקיבא בצדו. ויהי היום ויעבור בעל חנה על מדרש רבי עקיבא וישאל לתלמידיו איכה עלה נתן לגדולה וסיפר לו כל המעשה ויאמן האיש לדברי אשתו ותשקוט נפשו מרוח הקנאה שעבר עליו, ויבא אל ביתו וישק ראש אשתו ויאמר לה מחלי לי על אשר חשדתי בדבר נתן, וראיתיהו היום עם רע״ק ושאלתי והגידו לי כך וכך, הקב״ה ירבה שכרך כפלי כפלים כי הייתי בדוחק גדול בנפשי עד שהושיעני הקב״ה ברחמיו בדבר הזה שנגלה אלי היום עכ״ל.

קלז תוכחת שמות חיים

שמענה נשים כמה נפיש זכותה של אשה זאת שבמתק שפתיה הצילה עצמה, ואותו אדם מהעבירה, ואין ספק דאשה כזאת היא נמנית עם יוכבד ומרים דאמרו בשמות רבה פ"א על פסוק כאשר דיבר אליהן דא"ר יוסי ב"ח מלמד שתבע להזנות להן ולא קבלו ממנו יע"ש והא ודאי דיוכבד ומרים, היו מעותדות שיקפח פרנסתן, או יהרוג אותן, כמו שפירשו הרבנים הגדולים בעל ספר דת ודין והרב ס' תהלה לדוד זלה"ה עם כל זאת נתנו כתף סוררת עם שהיה מלך מצרים, והיה בה' מבטחן ולפי זה אתי שפיר סופיה דקרא דקאמר ותחיין את הילדים, דרשו רז"ל והביאו רש"י דהיו

תוכחת חיים <מהדורה חדשה> - ב - שמות / פאלאג'י, חיים בן יעקב / עמוד 134

הודפס מאוצר החכמה

טז. שלח ליה למר עוקבא לדזיו ליה כבר בתיה שלם.
יתכן שצ"ל לדזיו ליה „כרב מתיה" ומוסב על ר' מתיא בן חרש שנמסר [בתנחומא ס"פ חוקת ובילקוט ויחי רמז קס"א פס' בנות צעדו עלי שיר] שמעולם לא נשא עיניו לאשה ופעם אחת נתקנא בו השטן ונדמה לו כאשה בכדי להחטיאו עד שרב מתיא לקח מסמרים והבעירם ונעץ אותם בעיניו, כיון שראה השטן כך נבהל והלך ממנו והיה זיו פניו מבהיק כזיו השמש עיין שם, לכן המליצו על מר עוקבא שפירש מעבירה (ע' רש"י) דזיו ליה כרב מתיא.

מרגליות הים / מרגליות, ראובן בן משה / עמוד 133
הודפס מאוצר החכמה

יז. רש"י ד"ה לדזיו ליה כו' ומצאתי בס' הגדה שהיה מר עוקבא בעל תשובה שנתן עיניו באשה כו' וכבש יצרו ופטרה לשלום ונתרפא וכשהיה יוצא לשוק היה נר דולק בראשו מן השמים ועל שם כך קרי ליה ר' נתן צוציתא במס' שבת (נ"ו ב) כו'. הגדה זו מובאת בספרי קדמונינו בשינויים שונים בס' המעשיות לרב נסים מובא שהיה זה בזמנו של ר' עקיבא, והנה בשבת שם דאיירי בבעלי תשובה אמר רב יוסף ועוד אחד בדורנו ומני עוקבן בר נחמיה ריש גלותא, והיינו נתן דצוציתא, ואיך אפשר לזהות את בן דורו של רב יוסף את עוקבן בר נחמיה ריש גלותא שהיה מאוחר הרבה עם אדם שחי בזמנו של ר' עקיבא מראשוני התנאים, גם הכינוי „צוציתא" נתפרש בכמה פנים, רש"י מביא ל"א שנקרא כן על שאחזו המלאך בציצית ראשו, בערוך ע' נתן מביא שנקרא צוציתא על שהיה לו חלוק של שער עזים ששירט את בשרו שיהא לו לכפרה, בעה"ש שם (כרך ה ע' שצז) מביא מהיוחסין בשם גאונים שבנערותו היה מתקן שערו תלתלים בשביל כך קראו לו נתן צוציתא, ועוד פירוש שלשון אש היה יוצא מד' ציציותיו, רואים אנחנו איפוא שלא היתה בידם מסורה ברורה על האיש ועל כינויו, והנה כשנדייק בסגנון המובא בגמ' שבת שם נראה שרב יוסף אמר עוד אחד בדורנו ומנו עוקבן בר נחמיה ריש גלותא וסיימו והיינו נתן דצוציתא, לא נקט „והוא נתן דצוציתא" רק „והיינו" כלומר מאורע של אדם זה הוא כענין המאורע של „נתן דצוציתא", יתכן איפוא שרמזו להמאורע המובא במנחות מ"ד א דאמר ר' נתן אין לך כל מצוה קלה שכתובה בתורה שאין מתן שכרה בעוה"ז ולעוה"ב אינו יודע כמה, צא ולמד

מרגליות הים / מרגליות, ראובן בן משה / עמוד 133
הודפס מאוצר החכמה

ממצות צ י צ י ת, מעשה באדם אחד שהיה זהיר במצות ציצית, שמע שיש זונה בכרכי הים כו׳ באו ד׳ צ י צ י ו ת י ו וטפחו לו על פניו, נשמט וישב לו ע״ג קרקע כו׳ א״ל העבודה כו׳ אלא מצוה אחת צונו ה׳ אלהינו וציצית שמה כו׳ עכשיו נדמה לי כד׳ עדים כו׳ עיין שם, וזהו שאמרו דעובדא של עוקבן בר נחמיה ה י י נ ו כעובדא שסיפר ר׳ נ ת ן בענין ה צ י צ י ת, ולבסוף כדאי להעיר שבס׳ המעשיות הר׳ גסטר (ע׳ כ״ה) מובא שאותו אדם שציציותיו טפחו לו על פניו והצילוהו מן העבירה נ ת ן ה י ה ש מ ו, והיינו „נתן דצוציתא״.

מרגליות הים / מרגליות, ראובן בן משה / עמוד 133
הודפס מאוצר החכמה

***רב נתן דבית גוברין** כתבתי יונתן (ע"ש):

***רב נתן בן אבטולמס** (ע"ל יונתן):

***ר' נתן בן עמרם** (ע"ל יונתן):

***ר' נתן בר יצחק בר אחא** (ע"ל יונתן):

***ר' נתן בר יוסף** כתבתי יונתן (ע"ש):

נתן דצוציתא בשבת (נ"ו סוף ע"ב) אמר רב אין לך גדול בבעלי תשובה יותר מיאשיהו בדורו ואחד בדורנו ומנו אבא אבוה דר' ירמיה בר אבא ואמרי לה אחא אבוה דאבא אבוה דר' ירמיה בר אבא. א"ר יוסף ועוד אחד בדורנו **ומנו עוקבא בר נחמיה ריש גלותא והיינו נתן דצוציתא א"ר יוסף הוה יתיבנא בפירקא והוה קא מנמנם וחזאי בחלמא דקא פשיט ידיה וקבליה. פירש"י דצוציתא על שם שאחזו המלאך בציצית ראשו. ובתוס', דרבינו תם מצא במדרש שהיה נר דולק על ראשו. וכן פירש"י בפרק דיני ממונות** (סנהדרין פרק א'). אינו בפרק דיני ממונות כי אם סוף פרק זה בורר (שם ל"א סוף ע"ב)[נז], ז"ל, שלחו ליה למר עוקבא לדזיו ליה כבר בתיה (פירוש, משה) שלום עוקבן הבבלי קבל קדמנא (ע"ש), פירש"י לדזיו ליה כבר בתיה לפי שמקרין עור פניו כמשה שגידלתו בתיה בת פרעה, פירוש אחר לדזיו ליה על שם שהיה חכם וחכמת אדם תאיר פניו. ומצאתי בספר הגדה שהיה מר עוקבא בעל תשובה שנתן עיניו באשת איש ונפל לחולי, לימים נצרכה ללוות ממנו ומתוך דוחקה נתרצית לו וכבש יצרו ופטרה בשלום ונתרפא, וכשהיה יוצא לשוק היה נר דולק בראשו מן השמים ועל שם כך קראו לו נתן דצוציתא, בשבת (נ"ו), הכא נמי להכי כתבו ליה הכי ע"ש האור שהיה זורח עליו, עכ"ל. וכתב רש"י, מר עוקבא אב בית דין היה, בפרק במה בהמה (שבת נ"ה א') עכ"ל. **והגאונים כתבו בעבור שהיה מסלסל בשערו בקטנותו ועשה קווצותיו תלתלים. ועוד כתבו שיצא לשון אש מציציותיו עד שברחו ממנו היושבים לפניו. ועיין שאלתות פרשת וארא ופרשת כי תשא ג"כ.** ובערוך ערך נתן כתב, ע"ש המלאך דהוי ניצוצין דנור דפשיט ידיה וקבליה בתשובה. פירוש אחר שהיה לו חלוק של שעיר עזים ששורטין בשרו שיהא לו כפרה שהיה בעל תשובה, עכ"ל. ובאות ע' כתב היוחסין מר עוקבא אב בית דין בזמן שמואל ואמרו שהוא בעל תשובה ויצא לו אור בראשו, והוא נתן דצוציתא. וזה אי אפשר, כי נתן דצוציתא היה לפני רב יוסף ומר עוקבא לפני שמואל, ואפשר שהיו שנים, והאמת כי נתן דצוציתא היה (אבא) אבוה דר' ירמיה, עכ"ל. האמת הזה הוא שקר במ"ש כי נתן דצוציתא הוא אבא אבוה דר' ירמיה, דהא מפורש דאמר רב יוסף עוד אחד בדורנו ומנו עוקבן בר נחמיה ריש גלותא והיינו נתן דצוציתא שאחזו המלאך בציציות ראשו, ע"ש, זה יקרא נתן דצוציתא. וצ"ע מ"ש רש"י ס"פ זה בורר הנ"ל דמר עוקבא שהיה אב בית דין היה בעל תשובה. ובשבת מפורש

נז) חידוש שלא הרגיש כי הפרק "זה בורר" מתחיל בתיבות "דיני ממונות בשלשה", וכן רגיל היוחסין לקרא לו פרק "דיני ממונות" בכמה מקומות. ופשוט (נחל עדן).

עוקבן בר נחמיה ריש גלותא שהיה בזמן רב יוסף ולא אמר מר עוקבא. ועוד דאיתא בב"ב (נ"ה ריש ע"א), אמר רבה הני תלת מילי אשתעי לי עוקבן בר נחמיה ריש גלותא משמיה דשמואל כו'. וידוע דרבה וחבירו רב יוסף היו תלמידי רב יהודה שהיה תלמיד שמואל, הרי בימי רב ורב יוסף היה עוקבן בר נחמיה ריש גלותא. ומר עוקבא היה אב בית דין בימי שמואל ואין ספק כי מר עוקבא לחוד ועוקבן בר נחמיה לחוד. ואולי אותו ספר הגדה שמצא רש"י שמר עוקבא היה בעל תשובה ט"ס היה מר עוקבא וצ"ל עוקבן בר נחמיה. ואני מצאתי כי נתן דצוציתא היה בזמן ר' עקיבא, בספר מעשיות של ר' ניסים בר' יעקב לדונש חתנו (דף ל"ז א'), וז"ל:

ויהי איש אחד עשיר ושמו נתן דצוציתא ויאהב אשה בעולת בעל ושמה חנה והיה בעלה עני מאד והאשה יפת תואר עד מאד ויצר לנתן להתחלות בעבור חנה ואמרו לו הרופאים לא תוכל להרפא עד שתשכב עמך ואמרו חכמי ישראל ימות ולא יעבור. אמרו הרופאים תבוא ותדבר עמו אמרו חכמים לא יתכן, ויאריך חליו עד מאד. והיו חובות הרבה לבעל חנה ויתנהו לבית הסוהר ואשתו היתה טווה ביום ובלילה והיתה קונה לחם לבעלה. ויהי ימים רבים בבית הסוהר ותקצר נפשו למות. ויהי היום ויאמר לאשתו הפודה נפש אחת ממיתה כאילו מקיים נפשות רבות ואני קצתי בחיי חמלי עלי ולכי לנתן ובקשי ממנו שילוה לך ממון ותפדי נפשי ממות ותאמר לו הלא ידעת שהוא חולה ונוטה למות בעבורי ובכל יום באו שלוחיו בממון הרבה ואיני מקבלת מהם ואומרת להם שלא יראו פני לעולם ואיך אלך אליו ללוות ממנו, אם היה בך דעת לא היית אומר לי דבר זה, ושמא בהאריך אסורך נשתטית ויצאת מדעתך, ותקצוף עליו ותלך לביתה בחרי אף ולא באה אליו. ויהי ביום הרביעי ותחמול עליו ותאמר אלך ואראנו בטרם ימות ותלך ותמצאהו נוטה למות. ויאמר לה, הקב"ה יבקש חמסי ממך ויתפשך בעוני, אבל אני רואה שתרצי שאמות ותנשאי לנתן לאשה, ותאמר גרש אותי ועזבני ואלך ואבוא אליו ויאמר לה הלא זה דברי שאת חפצה להנשא לו. ותזעק בקול גדול ותפול על פניה ותאמר מי שמע כזאת ומי ראה כאלה לומר לכי ונאפי ותטמאי ותוציאני מבית הסוהר ויאמר לה בעלה לכי מעלי ועזביני עד שירחם הקב"ה עלי. ותלך לביתה ותחשוב בצרתה ובצרת בעלה ותחמול עליו ותתפלל חנה ותאמר אנא ה' הצילני והושיעני שלא אכשל בעבירה. ותלך לבית נתן ויראו סריסיו וימהרו להגיד לנתן הנה חנה עומדת בשער ויאמר להם אם אמת הדבר תהיו חפשים ותבא בחצר ותאמר לו שפחתו הנה חנה בחצר ויאמר לה גם את תהיי חפשית. ותבוא חנה וישא עיניו ויאמר לה גברת מה תרצי ומה שאלתך וינתן לך ומה בקשתך ותעש ותאמר שאלתי ובקשתי שתלוה לאישי כך וכך שהוא חבוש בבית הסוהר ולך תהיה צדקה לפני ה'. ויצו עבדיו ליתן לה כחפצה. ויאמר לה הנה נא עשיתי רצונך ואת ידעת שאני חולה מאד מאהבתך ועתה עשי רצוני ותחייני, ותאמר לו חנה הנני בידך ותחת כנפיך ואין לי פה להמרות פיך אבל אודיעך שבאה לך שעה לקנות חיי עולם הבא והזהר ולא תפסיד שכרך וטוב העולם מדבר מועט ואל תאסרני על בעלי וחשוב שהגעת לחפצך ואל תאבד טובה הרבה ותשאר כאשר יכלה ויתם בחרטה וחשוב ביסורי הקב"ה ואל תעשה

דבר שתתנחם באחריתך וזו לך שעה קלה ותמנע לקנות חיים ארוכים ושכר טוב בעולם הזה ובעולם הבא שלא יוכל אדם להגיע לדבר זה אלא בעמל רב ויגיעה רבה ואתה יכול להגיע לרצון בוראך בשעה קלה אם תשמע לשכלך ותגער ביצר שכלך וטוב לך. ויהי כשמוע האיש דבריה ויגער ביצר הרע ויקם ממטתו ויפול על פניו ארצה ויתנפל לפני ה׳ ויתפלל להכניע יצרו ולשבר תאותו ולהדריכו בדרך ישרה וטובה ולסלוח לו עוונותיו ולשוב בתשובה שלימה ויענהו ה׳ ויעתר לו ויאמר נתן לחנה ברוכה את לה׳ וברוך טעמך אשר כליתיני היום הזה מבוא בדמים ועבירה וידיך הושיעו לי לכי לשלום לביתך. ותלך האשה ותפדה את בעלה ותוציאהו מבית הסוהר ותגד לו את אשר עשתה ולא האמין לה אישה כי חשדה כי נתן בא אליה והיא העלימה ממנו. ויהי כי ארכו הימים וישקף ר׳ עקיבא בעד החלון וירא איש רוכב על סוס ועל ראשו זיו גדול וזוהר ומזהיר כשמש ויקרא לאחד מתלמידיו וא״ל מי זה האיש הרוכב על סוס ויאמר זהו נתן רועה זונות ויאמר לתלמידיו התראו אתם כלום על ראשו ויאמרו לא ויאמר להם מהרו והביאוהו אלי ויבוא לפניו ויאמר לו בני על ראשך אור גדול בלכתך ואני יודע שאתה מיורשי העולם הבא הודיעני מה עשית ויודיעהו דברי חנה ויתמה ר׳ עקיבא על התאפקו והכנעו בכבוש יצרו ושובו בתשובה שלימה, ויאמר לו אמנם עשית דבר גדול וע״כ הזריח הקב״ה אור על ראשך הזיו הגדול הזה שראיתי, והנה זה בעולם הזה ועל אחת כמה וכמה בעולם הבא. ועתה בני שמעני ושב לפני ואלמדך תורה. ויעש כן וישב לפניו ויפתח הפותח ואין סוגר דלתות לבו בתורתו. ויהי לימים מועטים הגיע למעלה גדולה בחכמה וישב בצד ר׳ עקיבא במעלה אחת. ויהי היום ויעבור בעל חנה על מדרשות ר׳ עקיבא וירא את נתן בצד ר׳ עקיבא במעלה אחת וישאל לאחד מן התלמידים איך עלה נתן לזו הגדולה ויספר לו כל המעשה הזה. וזה העת האמין האיש לדברי חנה אשתו וישקט רוח הקנאה שעבר עליו שחשד אותה ויבוא לביתו וישק ראש אשתו ויאמר לה מחלי לי על שחשדתיך בדבר נתן עד שראיתיו היום בצד ר׳ עקיבא ושאלתי והגידו לי כל דבריו, הקב״ה ירבה שכרך כפלי כפליים כי הייתי בדאגה גדולה בנפשי עד שהושיעני הקב״ה ברחמיו בדבר הזה שנגלה אלי היום, עכ״ל:

ועפ״ז יש לומר דיקשה לך דעוקבן בר נחמיה נקרא נתן דצוציתא למה קראו אותו נתן ולא עוקבן בר נחמיה צוציתא שהוא ע״ש ניצוצי דנורא. אלא לפי שנתן שהיה בימי ר׳ עקיבא היה נקרא צוציתא ע״ש האור גם עוקבן שהיה לו אור נקרא ע״ש נתן. וה׳ אמת הוא יודע האמת. דוגמא לזה על דרך דאיתא בפרק יש נוחלין, ויהונתן בן גרשם בן מנשה וכי בן מנשה הוא והלא בן משה, אלא שעשה מעשה מנשה, מכאן שתולין הקלקלה במקולקל. בחדושי אגדות כתב, עוד י״ל שתלה במנשה כמו מנשה עשה תשובה בכל לבו כן עשה יהונתן תשובה בכל לבו, ע״ש. ובס״פ במה בהמה (שבת נ״ו ב׳), מקיש ראשונים לאחרונים מה אחרונים לא עשו ותלה בהן לשבח כו׳. עוד י״ל באשר יש לדקדק במ״ש רב יוסף ועוד אחד בעל תשובה בדורנו ומנו עוקבן בר נחמיה והיינו נתן דצוציתא ולא אמר הוא נתן דצוציתא כמו שמצינו שאמרו אבא בר מרתא הוא אבא בר מניומי (ע״ש) הוא יוסף איש הוצל הוא

יוסף הבבלי הוא איסי בן גור אריה הוא איסי בן גמליאל הוא איסי בן מהללאל (ע״ש) וכן ר׳ יצחק בן טבלא הוא ר׳ יצחק בן חקלא הוא ר׳ יצחק בר׳ אלעאי (פסחים קי״ג ב׳) (ע״ש) אלא נקט לשון והיינו נתן דצוציתא הכוונה כמו עוקבן בר נחמיה שהיה אור על ראשו ממש כמו נתן דצוציתא כו׳ :

עיין יוחסין [אחר אגרת ר׳ שרירא גאון] דורות העולם בקיצור מן יהודה כו׳ עד יהויכין נחמיה משולם חנניה ברכיה חסדיה ישעיה עובדיה שכניה שמעיה חזקיה יוחנן שפט עכן נתן דצוציתא הונא נתן נחמיה עוקבא אבא בר הונא נתן מר זוטרא מרימר כהנא הונא מר זוטרא הונא מר כפנאי בוסתנאי חסדאי שלמה ריש גלותא דוד בן זכאי שעשה המחלוקת עם רבינו סעדיה פיומי ז״ל, עכ״ל. ועיין יוחסין [מספר יסוד עולם עם הגהות הרמ״א]. ועיין חלק א׳ ד׳ אלפים תשנ״ז מ״ש שם :

***ר׳ נתנאל** פרקי רבי אליעזר פי״ו ופכ״ה. א״ר נתנאל ראו אבותיו של משה תארו כמלאך אלהים מלו אותו לשמונה וקראו שמו יקותיאל :

סדר הדורות - ב / היילפרין, יחיאל בן שלמה / עמוד 570

הודפס מאוצר החכמה

Appendix – from Nosson Tzutzisa to Bustenai

אגרת רב שרירא גאון הוצאת לוין, נספח

„ומצאתי[ב]) בסדר הגאונים כי אחר נתן ·דצוציתא הונא בנו (וכתבתי בסדר הונא כי זה רב הונא רבה שהיה בימי רבי): ובנו של רב הונא נתן ובן נתן עוקבא[ג]) ובן עוקבא הונא. ובן הונא זוטרא בנו. (ונ״ל כי זה היה מר זוטרא רבה ומ״מ ראיה לברר אין לי). ואחריו כפנא בנו ואחריו זוטרא בני, הוא הנקרא בסתנאי. ולמה נקרא שמו בוסתנאי? אמרו חכמים: אבי אמו היה ראש ישיבה בבבל, שעד ימי רב לא היה ראש בבבל שמנהיג את הדור אלא ראשי גלות זה הם שהיו מנהיגים, ומימי רב ואילך ראש ישיבה עם ראש גלות שניהם מנהיגין וזקינו של זה בוסתנאי, רב הנניה שמו. פעם אחת הלך אחד מן הרבנים של רב הונא ראש גלות למקום אחד מרשות ראש גלות שלא ברשות ראש ישיבה לקבוע פרק ומנעו ראש הישיבה. בא לו לראש גלות והלשינו. שינר ראש גלות אחר ראש הישיבה ועשה לו רעות רבות וצוה שלא ליתן לו בית מלון והלך לו ראש הישיבה לבית הכנסת ולקח לו קיתון אחד של חרס ריקם והניחו לפניו, בכה עד שנתמלא דמעות ושתה לו לאחר צומו שצם באותו היום. בלילה ההוא נפל דבר בבית דוד ולא נשאר מהן בלתי בנו של ראש גלות זה והוא עדיין במעי אמו אשת[ד]) ראש ישיבה וראש הישיבה זצ״ל ישן וראה בחלומו שנכנס לפרדס אחד וראה שם אילנות משובחין והתחיל לעיקרם בקרדום שבידו ועקר הכל ולא הניח מכולן אלא אילן אחד קטן שהיה מוטמן בארין, כשבא לקיצצו מיד עירער כנגדו זקן אחד ארמוני, אמר לו אני דוד מלך ישראל וגן זה שלי הוא לא דיי לך שהחרבת כל אילן שבו אלא אף זה הקטן שנשאר רצונך לעקרו וחרה לו לאותו זקן והכהו לראש ישיבה בשבט והלך לו וניעור ראש ישיבה מיד פחודה[ה]) והנה פניו הפוכין לצד אחר. שיגר לביתו של ראש גלות והנה מת ואשתו שהיא בתו של ראש ישיבה היתה מעוברת. למחר באה השמועה מכל סביבות בבל שכל בית דוד מתו. מה עשה רב הנניה ראש ישיבה? הלך והציע מצעותיו על פתח ביתה של בתו מבחוץ. והיו עוסקים שם כל בני הישיבה לפניו באותו מקום כל

א) ה״ג הוצאת הילדסהיימר צד 309 ועיי״ש בהערות. ב) מכ״י יחוסי תנאים ואמוראים בערך „רב זוטי יבו של רב פפי״. ועיין בסדר עולם זוטא ששם כל הספור בארמית ומשונה מבכאן. והכ״י יחוסי תר״א שהשתמשתי בו שייך לקהלה פריעדבערג ונמצא עתה בידי הדר׳ א פריימאנן בפפד״מ ומידו היה שאול לי לשעות אחדות, ומחזיק אני לו טובה בזה. ג) „עקיבא מצ׳״ (כתוב על הגליון שם). ד) צ״ל: בת. ה) אולי הכונה לרב פחדא שנזכר בס״ע זוטא.

החדשים שהיתה אשתו של ראש גלות מעוברת עד שילדה זכר והעלהו שמו זוטרא ובוסתנאי לפי שלא נשתייר מאותו הבית בלתי הוא ופרדס בלשון ערבי בסתן. וכשנולד מיד זהרו פניו של ראש ישיבה לכשהיו ולקחו ראש ישיבה לבוסתנאי זה אצלו ולימדו מקרא ומשנה תלמוד והגדה וכל דבר עד שנעשה חכם. ובאותן הימים שלא היה ראש גלות בישראל הלך אחד מחתני בית דוד וישראל היה וכו׳. ולא הוברר לי יפה הזמן של רב חנניה זה, ודאי בימי אמוראים היה ואי אפשר לעמוד אם לפני רבינא ורב אשי או אח״כ[א].
והמעיין בסדר רב שרירא גאון ויאמר שהדין עמי שנסתפקתי".

א) עיין דוה״ד ח. דף כ״ב.

H-E
Double Hockey Sticks

בית כנסת דלוס אנג׳לס

BEIS KNESSES *of* LOS ANGELES

ליל שבועות תשפ״ד

ALL NIGHT LEARNING

2024

HOUR

5

תורת האדם להרמב"ן אות קכא שער הגמול

כיון שנתפרש מדברי רבותינו ז"ל שסוף העונש בגיהנם וסוף השכר בעוה"ב, צריכין אנו לפרש מדבריהם ז"ל מהו הדין הזה הנקרא גיהנם, ומהו הדבר שנדון בו, ואימתי נדון בו, אם תאמר שהעונש מגיע לגופו של אדם לאחר מיתתו, והלא גופו של אדם כשמת אבן דומם הוא, אם תשרוף עצמותיו לסיד או תמשח אותם באפרסמון ומיני הבשמים המקיימין אותם אין הפרש לאבן הזו בכך, ומקרה אחד לצדיק ולרשע בגופן לאחר המות, ואיך יהיה הגוף הזה בגיהנם וזה בטובת העוה"ב והרי הם קבורים לפניך בקבר אחד או הם גנוזים בביתך בתוך ארון אחד, הרי שאין עונש אלא לנפש, ומהו העונש המשיג אותה והרי הנפש אינה גוף וגויה, ואינה נתפשת במקום, ואין מחיצה לפניה, ומה הוא המקום הזה שנקרא גיהנם ונדונית שם, שאין המקום תופש ואין האש שורף אלא בעלי הגוף והדברים הממשיים, אין לך בעונש הזה אלא שתאבד הנפש ותכרת, ודבר זה אינו כפי התורה ולא כפי דעתם של רבותינו ז"ל, אלא דעות נכריות הם מדברי המתחכמים באומות העולם, שהרי לדברי אלו אין ענשו של אדם אלא כרת והתורה אינה מחייבת כרת לכל אדם, ונמצאת פוטר בטענה הזו שאר כל החוטאים מן הדין והעונש. ועוד לדעת זו עשית העובר על כרת אחת והאפיקורוס הכופר בעיקר ושופך דמים כל ימיו, שוין בדיניהם, שהרי שניהם אובדין ואין עמהם צער ויסורין אחר המיתה,

...והוא יתברך שמו ברא המקום שנקרא גיהנם וברא בו אש דקה מן הדקה שאינה גוף ממשי נתפש, תופשת בדברים הדקים ומכלה אותן, ושם כח האש הזו באותו מקום הנזכר באשר שם כחות השכליים הנבדלים, שהם מלאכים, לכתותיהם בשמים:

והפרישו רבותינו ז"ל בין האש שבעולם הזה ובין האש ההיא בהפרש גדול לדקות אותו האש, אמרו בפסחים (נ"ד א') אור דידן איברי במוצאי שבת ואור דגיהנם איברי בשני, ואין ספק אחרי המימרא הזו שהם רוצים להעלות האש ההיא ולעשותה דקה מן הדקה, עד שייחשו אותה להבראות ביום שני והוא היום שהם מיחדין בבראשית רבה ובמדרשים לבריאת המלאכים. וידוע הוא בכל מעשה בראשית, כי הנבראים בראשון דקים וקרובים לסיבה הראשונה וליסוד המוקדם יותר מן הנבראים בשני, וכן השני מן השלישי, כאשר תראה אפילו בפשט הכתוב, ואין ספק לשום אדם בעולם כי האש הזו שבעולם הזה אינה שורפת בנפש, ואפילו האויר העולמי הנתפש אין האש מכלה אותו ולא שורפת אותו, ולא שמעתי לאחד מן המאמינים או מן הכופרים, בין גס המחשבה או דק ועמוק בסברא, אין אחד מהם שיאמין בהשרף החסיד שנשרפה נפשו ואבדה באש וגמולו כלה וילך, אלא שהאש ההיא שבגיהנם שנאמין בה שהיא שורפת הנפשות, אינה כמו אש העולם הזה כלל, לא האש שמשתמשין בה בגחלת ושלהבת, ולא האש היסודית אשר בגלגל האש, אע"פ שהוא גוף דק מאד והיא מתחברת בגופי הנבראים עם שלשת (נ"א - השתלשלות) היסודות, אלא דקה מזו היא אע"פ שהיא מענינה

ואם יקשו עלינו היאך הנפש נגבלת במקום ההוא הנקרא גיהנם או שאול, נשיב להם עם כל עומק דברי פילוסופי היונים ופתויי הכשדים וההגרים, שאומרים אין הנפש נגבלת במקום ואין לה משכן במוח או בלב, רק שהם מקומות נרמזים לשמוש השכל ההוא,

(כט) **ונכרתו הנפשות העושות מקרב עמם.** "זרעו נכרת וימיו נכרתים" – לשון רש"י (לעיל יז, טז).

[לט]והנה בכריתות ג' ענינים, האחד שנאמר בו (לעיל יז, ד ועוד) "ונכרת האיש ההוא", והשני שנאמר

3 Kinds of Kares

קצ **פירוש** ויקרא יח אחרי **הרמב"ן**

בהם (כאן) **ונכרתו הנפשות העושות,** "ונכרתה הנפש ההיא מלפני" (להלן כב, ג), והשלישי שנאמר בהם (במדבר טו, לא) "הכרת תכרת הנפש ההיא עונה בה". ואמר ביום הכפורים (להלן כג, ל) "והאבדתי את הנפש ההיא מקרב עמה", ואמרו בספרא (שם): "לפי שהוא אומר כרת בכל מקום ואיני יודע מהו, וכשהוא אומר והאבַדְתִּי לִמֵּד על הכל שאינו אלא אבדון".

וביאור הענין, כי האוכל חֵלֶב או דם והוא צדיק ורובו זכיות אבל גברה תאותו עליו ונכשל בעבירה ההיא יכרתו ימיו וימות בנעורים קודם שיגיע לימי הזקנה, והם ששים שנה, ואין נפשו בהכרת אבל יהיה לו חלק בעולם הנשמות כפי הראוי למעשיו הטובים כי צדיק היה, ויהיה לו חלק לעולם הבא, [מ]הוא העולם שאחרי התחיה. ובזה אמר "ונכרת האיש ההוא".

ואשר עם החטא החמור ההוא יהיו עונותיו מרובין מזכיותיו עונש הכרת שבעבירה החמורה מגיע לנפש החוטאת לאחר שתפרד מן הגוף והיא נכרתת מחיי עולם הנשמות. ובמחוייבי הכרת הזה רומז הכתוב "ונכרתה הנפש ההיא מלפני", וכתיב "והאבדתי את הנפש ההיא מקרב עמה". ואלו אין להם כרת בגופן, אלא פעמים שיחיו ויגיעו לימים רבים וגם עד זקנה ושיבה, כענין שנאמר (בקהלת ז, טו) "ויש רשע מאריך ברעתו". וזהו שאמרו (בר"ה יז, א) אבל מי שעונותיו מרובין

תכלת מרדכי

מ) הוא העולם שאחרי התחיה. עי' שער הגמול.

אלא כך הוא ביאור הענין, שהכרת המפורש בתורה עונש מכופל הוא לגוף ולנפש, מי שזכויותיו מרובין מעוונותיו אע"פ שיש בהם מחוייבי כרת, העונש מגיע לו בגופו והוא מת בחצי ימיו כמו שאמרו במשקין (מו"ק כ"ח א') מת בן חמשים שנה זו היא מיתת כרת, ואמרו בספרי (פ' חוקת) מפני מה ענש להלן מיתה וכאן כרת ללמדך שכרת היא מיתה ומיתה היא כרת, ולזה רומז בתורה במקצת הכריתות שנאמר בהם ונכרת האיש ההוא מעמיו, לאחר שמת זה המחוייב כרת בגופו כיון שרובו זכיות אינו יורד לגיהנם אלא זוכה למעלה הראויה לו מחלקי גן עדן. ויש במחוייבי כרת מי שעונותיו מרובין מזכיותיו, ועונש כרת שלו מגיע לנפש החוטאת לאחר שתפרד מן הגוף שהיא נכרתת מחיי גן עדן, והם הרשעים שהזכרנו שעונותיהן מרובין, ויש בכללן עון פושעי ישראל בגופן ששנו חכמים שיורדין לגיהנם ונדונין בה י"ב חדש, לאחר י"ב חדש גופן כלה ונשמתן נשרפת ורוח מפזורתן תחת כפות רגלי הצדיקים, ומחוייבי כריתות הללו הם שרומז בהם הכתוב ונכרתה הנפש ההיא מלפני, וכתיב והאבדתי את הנפש ההיא, רשעים הללו אין להם כרת בגופן אלא פעמים שחיים בשלוה ומזקינים בעה"ז כדכתיב (קהלת ז') ויש רשע מאריך ברעתו, וכפי מה שכתבנו למעלה. ויש עוד במחוייבי הכרת שגופו נכרת מחיי העולם הזה ונפשו נכרתת אפילו מחיי העולם הבא ואין צריך לומר מחיי גן עדן, לפי שהוא נידון בגיהנם לעולם, והם עובדי ע"ז והכופרים כגון אלו שמנו חכמים במשנת ואלו שאין להם חלק לעולם הבא האומר אין תחיית המתים מן התורה ואין תורה מן השמים ואפיקורוס ומה שהוסיפו עליהן בברייתא, דקתני בתוספתא הוסיפו עליהן הפורק עול והמפר ברית בשר והמגלה פנים בתורה, והני דקתני באידך ברייתא התם המינין והמשומדין והמסורות ושפרשו מדרכי צבור ושחטאו ושהחטיאו את הרבים ושנתנו חתיתם בארץ חיים יורדין לגיהנם ונדונין לדורי דורות וכו'. ורשעים הללו הם שכתוב בהם הכרת תכרת הנפש ההיא עונה בה ודרשו רבותינו (ספרי פ' שלח) הכרת בעולם הזה תכרת לעולם הבא, כפל זה לא נאמר בתורה אלא בענין ע"ז ומגדף וכיוצא בהם, דכתיב כי דבר ה' בזה ואת מצותו הפר הכרת תכרת הנפש ההיא עונה בה ודרשו במסכת שבועות (י"ג א') כי דבר ה' בזה זה הפורק עול ומגלה פנים בתורה ואת מצותו הפר זה המפר ברית בשר, ושם אמרו בפירוש שאין כפל הזה שבכרת נדרש בכל עבירות שבתורה אלא באלו שבכתוב הזה, ולפיכך לא מנו רבותינו אלא אלו הנזכרים וכיוצא בהם לפי שהכתוב הזה בענין ע"ז נאמר, וריבה הכתוב את אלו והוא הדין לכל הכופרים בעיקר וכן בשאר רשעים המוחלטין, לפי שמצאו בהן בקבלה כי תולעתם לא תמות ואשם לא תכבה, הא בשאר הכריתות אינו כן אלא כמו שביארנו. אע"פ שיש בחטאים האלו החמורים כרת בגוף בעוה"ז וכרת בנפש לעוה"ב, יש כופר בעיקר שמאריכין לו ואוכל חיי העוה"ז. וא"ת והיאך תולין לו על כרת שבגופו, אם בשביל זכות שעשה, אין לכופר בעיקר זכות לעולם, לפי שהוא עושה לשם כפיתותו ולא לשם הקב"ה יתברך, זו אינה קושיא שיש בדרכיו של בעל הרחמים לרחם על מי שעושה טובה ומעשה הגון בעוה"ז אפילו עשאו לשם ע"ז, כגון מה שאמרו חז"ל באומות העולם עכו"מ, וכן בדברי הנביאים מקצת אומות שנגזר עליהם גלות בשביל מה שעשו לישראל ושאר אומות שלא הרעו להם לא נגזר עליהם גלות, וכן הכתוב מזהירנו לא תתעב מצרי כי גר היית בארצו, וכ"ש שכבר רמזנו סוד שיש בו תיקון כל השאלות הללו שהדין נותן להתלות אפילו לעובד ע"ז להכעיס, ברוך שופט הצדק שיסד הכל ברחמים וכו', עי"ש.

מזכיותיו, ובכללן פושעי אומות העולם בגופן, ואמר רב פפא בעבירה, כלומר בערוה מן העריות, יורדין לגהנם ונדונין שם י״ב חדש, לאחר י״ב חדש גופן כלה ונשמתן נשרפת ורוח מפזרתן תחת כפות רגלי הצדיקים וכו׳.

ויש כרת חמור, שנכרת גופו ונפשו, והוא הנאמר בו [במדבר טו, לא] ״כי דבר ה׳ בזה ואת מצותו הפר הכרת תכרת״ ודרשו בו [שבועות יג, א] ״הכרת — בעולם הזה, תכרת — לעולם הבא״, לומר שהוא ימות בנוער וחיתו בקדשים, שלא תחיה נפשו בתחית המתים ואין לה חלק לעולם הבא. ואין כפל הכרת הזה נאמר בתורה אלא בענין ע״ז ומגדף, ורז״ל דרשו בו עוד במסכת שבועות [שם]: ״כי דבר ה׳ בזה — זה הפורק עול ומגלה פנים בתורה שלא כהלכה. ואת מצותו הפר — זה המפר ברית בשר״. אבל אינו בכל הכריתות, ושם מבואר זה בגמ׳ שאין הכפל של הכרת תכרת בשאר חייבי כריתות שבתורה אלא באלו הנדרשים מן הכתוב הזה, כי הכתוב במגדף ועובד ע״ז הוא והם הוסיפו במדרשו הכופרים בעקר והרשעים המוחלטים, וכמו שנאמר בהם בקבלה [בישעיה סו, כד] ״כי תולעתם לא תמות ואשם לא תכבה״, והם אותם שמנו במשנה [בסנהדרין צ, א] ובברייתא [בתוספתא כסנהדרין פי״ג] ״ואלו שאין להם חלק לעולם הבא״.

וכן נראה שאין כל חייבי כריתות בערירות, שאין כרת לזרעם אלא באותן שכתוב בהם ״ערירים ימותו״ [להלן כ, כ–כא]. ויתכן שהוקשו כל העריות זו לזו, אבל בשאר הכריתות, (ז)כגון חלב ודם, אין לנו.

וכתב ר״א [להלן כג, ל] ״יש הפרש בין ׳והאבדתי׳ ובין ׳ונכרתה׳, ולא אוכל לפרש״. יחשוב החכם כי האובדת תאבד והנכרתת תכחד (מא)ולא ישא אלהים נפש.

ותדע ותשכיל כי הכריתות הנזכרות בנפש בטחון גדול בקיום הנפשות אחרי המיתה במתן השכר בעולם הנשמות, כי באמרו ית׳ ״ונכרתה הנפש ההיא מקרב עמיה״ [בשמות לא, יד], ״ונכרתה הנפש ההיא מלפני״ [להלן כב, ג], יורה כי הנפש החוטאת היא תכרת בעונה ושאר הנפשות אשר לא חטאו תהיין קיימות לפניו בזיו העליון, ולפיכך הוא מפרש [בבמדבר טו, לא] ״הנפש ההיא עונה בה״ כי (מב)העון אשר בה הוא יכריתנה. וטעם זה הענין כי נשמת האדם נר ה׳ אשר נופחה באפיו מפי עליון ונשמת שדי, כמו שנאמר [בבראשית ב, ז] ״ויפח באפיו וגו׳״, והנה היא בענינה, לא תמות, ואיננה

תכלת מרדכי

מא) **ולא ישא אלהים נפש.** ע׳ ראה י״ד א׳[53]. מב) **העון אשר בה.** ע׳ שלח ט״ו ל״א[54].

כסף מזוקק

(ז) **כגון חלב ודם אין לנו.** פי׳ לא נודע לנו.

53) דנאמר שם: בנים אתם לה׳ אלהיכם לא תתגדדו ולא תשימו קרחה בין עיניכם למת״, וז״ל בסו״ד: ולפי דעתי כי טעם ״עם קדוש״ הבטחה בקיום הנפשות לפניו יתברך, יאמר אחרי שאתה עם קדוש וסגלת ה׳ ולא ישא אלהים נפש וחשב מחשבות לבלתי ידח ממנו נדח, אין ראוי לכם להתגודד ולהקרח על נפש ואפילו ימות בנוער ולא יאסור הכתוב הבכי, כי הטבע יתעורר לבכות בפירוד האוהבים ותדודם אף בחיים, ומכאן סמך לרבותינו (מו״ק כז:) באסרם להתאבל על נפש יותר מדאי, עכ״ל. 54) דנאמר שם: ״כי דבר ה׳ בזה ואת מצותו הפר הכרת תכרת הנפש ההוא עונה בה״, וז״ל: וטעם עונה בה בזמן שעונה בה ולא בזמן שעשה תשובה, לשון רש״י מדברי רבותינו (שבועות יג). ועל דרך הפשט הוא כמו דמיהם בם (ויקרא כ כז), חטאם ישאו ערירים ימותו (שם פסוק כ), ערות אחותו גלה עונו ישא (שם פסוק יז). וראיתי בפרקי דרבי אליעזר מהו עונה בה, מלמד שהנפש נכרתה ועונה עמה, כלומר שהעון דבק בה אחרי הכרת להיות נדונת ביסורין לעולם, כעניז כי תולעתם לא תמות ואשם לא תכבה (ישעיה סו כד). עכ״ל.

מורכבת שתפרד הרכבתה ותהיה לה סבת ההויה וההפסד כמורכבים, אבל קיומה ראוי והוא עומד לעד, כקיום השכלים הנבדלים. ולכך לא יצטרך הכתוב לומר כי בזכות המצות יהיה קיומה, אבל יאמר כי בעונש העונות תתגאל ותטמא ותכרת מן הקיום ההוא הראוי לה. והוא הלשון שתפסה בהם התורה **כרת,** כענף הנכרת מן האילן שממנו יהיה שרשו. והוא מה שאמרו רז"ל [בספרי במדבר טו, ל]: "מקרב עַמָּהּ – וְעַמָּהּ שלום", כי הכרת של הנפש החוטאת יורה על קיום שאר הנפשות שלא חטאו, והן עַמָּהּ, שהן בשלום. [מג]וכבר פירשנו [בבראשית יז, א ומו, טו ובשמות ו, ב] כי כל היעדים שבתורה שבהבטחות או בהתראות כֻּלָּם מופתים מן הנסים הנסתרים, בדבר מופתַּיִ תבטיח ותזהיר התורה לעולם. ולכן תזהיר בכאן בכרת שהוא ענין נסי ולא תבטיח בקיום שהוא ראוי.

והנה הכריתות שבתורה הם ל"ו, ומהם רבים באיסורי הערוה, ר"ל על בעילה האסורה. וכן מיתות ב"ד בענין הבעילה י"ז. ואין באיסור המאכלים מיתה כלל. והטעם בהיות העונשין הגדולים במיתת ב"ד והכרת בעניני הבעילה מפני שגלוי עריות דבר נמאס מאד אצל התורה, כנזכר בזאת הפרשה ובמקומות רבים בכתוב, וחכמים מזכירים לעולם ע"ז וגלוי עריות ושפיכות דמים – יזכירו אותה [מד]אחר ע"ז וקודם שפיכות דמים [בסנהדרין קד, א ועוד], וכמו שאמרו [שם קו, א] "אלהיהם של אלו שונא זמה הוא". ויש לענין [מה]סוד גדול בסוד היצירה. והרב אמר במורה הנבוכים [ג, מא] בעבור היות יצר האדם גדול בענין המשגל והתאוה בו רבה, והדברים שהם רבי המכשולות צריכים עונש גדול ליסר אותם. וגם זה אמת.

שיעורי דעת לר' יוסף יהודה ליב בלוך חלק א' עמ' נט

שתי הבחינות בגיהנם: רוחני וגשמי – אמת

כמו כן, נזדמן לי לפני ימים אחדים, לדבר בביתי, אודות המוסכם בעולם, שיש מחלוקת בין חכמי הסוד ובין חכמי המחקר, בדבר הגיהנום (עי' שיעו"ד כי כל בשמים ובארץ א). שלדעת הראשונים – הגיהנם הוא של אש ושאר מיני יסורין. ולדעת חכמי המחקר – הוא גיהנם רוחני. אבל באמת, אין כאן מחלוקת. לפי האמת, ודאי הוא גיהנום של אש, ששורפים בו ומייסרין בו בשאר מיני יסורין, אבל ודאי אין האש ההיא, אותה האש הנמצאת פה, וכן שאר הענינים. ובכל זאת, קוראים להם חכמי הקבלה באותם השמות, מפני שבעיקרם ענין אחד הוא, ואמת הוא שישרפו את החוטאים באש, אבל באש של העולם העליון לפי ענינו.

הכלל: ידיעה זו מאירה בכל המקצועות והענינים, ומיישבת הרבה מן התמיהות והפליאות העצומות.

התורה יש לה נשמתא ונשמתא דנשמתא

וכן בעניני חכמת התורה וטעמי המצוות. הטעמים הנגלים והנסתרים, אינם טעמים נבדלים שאין להם שייכות זה לזה, אלא באמת טעם אחד הוא. הטעם הנסתר – הוא שורש הטעם הנגלה ונשמתו. המבין את טעם התורה בפשוטו, יודע רק את הלבוש, אבל התורה יש לה לבושא, גופא, נשמתא, ונשמתא דנשמתא, וכן למעלה לאין שיעור (זוה"ק במדבר קנב.).

א ענין זה מתפרש בהרחב ביאור בשיעורי דעת שונים, וביחוד בשיעורים "כי כל בשמים ובארץ" א' וב'.

תפארת ישראל יכין מסכת סנהדרין פרק י מכת בב

שפירושו נלאית הכא]. והא דקאמר הכא כל ישראל, אף דקיי"ל דגם חסידי האומות יש להם עוה"ב [כרמב"ם פ"ג מתשובה]. והרי גם אפילו בינונים שבהם יש להם חלק לעה"ב. מדלא תני במתניתין רק בלעם, י"ל דזהו בכשרים שבאומות, אבל רשעים שבהן לאחר שסבלו עונשן ילכו נפשותם לאיבוד, כמו דכתיב ואויבי ה' כלו בעשן כלו, אבל כל ישראל אפילו חייבי כריתות ומיתות ב"ד, אינו נכרת רק נפש הבהמית שלהן אבל הנשמה העליונה שבהן, המחיה את הכל, נצוץ אלהי הוא, ואינו מקבלת כלייה, רק כשתאוות הגוף ותטאותיו השאירו בה רושם השחתה, אשר בנאתה מהגוף, יעכבוה אותן כתמים מלהאיר באור החיים, לכן מתלבנים ומתכבסים אותן הכתמים מעצמותה ע"י אש רוחני, לא בדרך נקימה ח"ו, רק לטובתה לזקקה ולזככה להנשמה עליונה הזאת, ולהשיבה לימי נעוריה, ואחר תטהר לחזות בנועם ה' ולאור באור החיים והיינו דאמרינן בר"ה לאחר י"ב חודש נשמתן נשרפת ורוח [אלקים חיים מרחפת] מפזר אפרן, החלק שא"א שישרף כאפר תחת וכו' כלומר במדריגה נמוכה, וזה הנרמז לנו בלשון המשנה, דקאמר יש להן חלק לעוה"ב, ולא קאמר יש להן עוה"ב, או חלק בעה"ב. אלא משום שכלל כאן כל ישראל, שיש ביניהן ג"כ חייבי כריתות, להכי קאמר שעכ"פ כולן יש להן חלק בנשמתן הניאות לעה"ב, דהא כל ישראל שוין, שכולן הנצוץ שבהן יזכה להנאחיות המקווה. ונ"ל דלפיכך אומרין זה המשנה בקין קודם כל פרק מפרקי אבות, דמשום דבקין חברת בנ"א יותר מצויים, וע"י זה עלול לקנאה תאוה וכבוד ולפגוע חיוביו לד' ולחבירו, גם ע"י דם חם שבו אז בטבע, להכי לוקחים סם לתלאים אלו כל שבת פ"א מן פרקים אלו, ואומרים קודם לכן משנה זו, נ"ל משום דאמרי' ג' סימנים יש באומה זו ביישנים וכו', והיינו כל ישראל יש להם חלק לעוה"ב וכו' כלומר ראה כי טבעך הוא להיטיב ואם תחטא בהנך תחטא נגד טבעך

מכתב מאליהו חלק א עמוד רצו

פירוש הענין הגיהנם אינו מתקן או מלמד את הטוב אלא מכלה את הרע וכל זמן שיש בהם עדיין מהרע הוא בתוכם וא הם עדיין בעלמא דשיקרא שהאדם מבחין את כל העולם מצד השקר לאחר שירד על ידי חטא אדה"ר וכל זמן שעדיין מן הרע בנפש היא עוד בעולם השקר

והביא מעשה דטיטוס ובלעם באונקלוס הגר בגיטין נז, א שהנפשות טועין לאחר מותן כעין מה שעשו בחייהן.

ויקרא רבה לב א

(א) ויצא בן אשה ישראלית ר' יהודה ור' נחמיה ר"י אומר הה"ד (שם יב) סביב רשעים יתהלכון סביב לרשעים הצדיקים מהלכין כיצד בשעה שהצדיקים יוצאין מתוך גן עדן ורואין את הרשעים נדונין בגיהנם נפשם שמחה עליהם הה"ד (ישעיה סו) ויצאו וראו בפגרי האנשים הפושעים בי באותה שעה הן נותנין שבח והודאה להקב"ה על היסורין שהביא עליהם בעולם הזה הה"ד (שם יב) ואמרת ביום ההוא אודך ה' כי אנפת בי ישוב אפך באומות העולם ותנחמני מהם אימתי כרום זלות לכשירומם הקב"ה כרם בזוי בעולמו אין כרמו של הקב"ה אלא ישראל שנאמר (שם ה) כי כרם ה' צבאות בית ישראל ואיש יהודה נטע שעשועיו אמר לו ר' נחמיה עד מתי אתה עוקף עלינו את המקרא אלא **סביב לצדיקים הרשעים מהלכים דכתיב סביב רשעים יתהלכון הא כיצד** בשעה שהרשעים עולין מתוך גיהנם ורואין את הצדיקים יושבים בשלוה בתוך גן עדן נפשם מתמענת עליהם הה"ד (תהלים קיב) רשע יראה וכעס אימתי כרום זלות לכשירומם הקב"ה מצות בזויות בעולם מה לך יוצא ליסקל על שמלתי את בני מה לך יוצא

לישרף על ששמרתי את השבת מה לך יוצא ליהרג על שאכלתי מצה מה לך לוקה בפרגול על שעשיתי סוכה על שנטלתי לולב על שהנחתי תפילין על שהטלתי תכלת על שעשיתי רצון אבא שבשמים הה"ד (זכריה יג) ואמר אליו מה המכות האלה מכות האלה גרמו לי להאהב לאבי שבשמים ד"א אימתי כרום זלות לכשיפרסם הקב"ה כרמן של ממזרים וכבר פרסמן ע"י משה שנאמר הוצא את המקלל:

נפש החיים שער א פרק יב

אמנם הוא כמו שכתבנו לעיל, שאינו על דרך העונש ונקימה ח"ו, רק "חטאים תרדף רעה" [משלי י"ג, כ"א], שהחטא עצמו הוא עונשו. כי מעת הבריאה קבע הוא יתברך שמו כל סדרי הנהגת העולמות, שיהיו תלויים כפי התעוררות מעשי האדם, הטובים ואם רעים ח"ו, שכל מעשיו ועָניניו נרשמים מאליהם, כל אחד במקורו ושרשו. והוא מוכרח לקבל דינו על ידי אותן כחות הטומאה שהגביר במעשיו, כפי ערך וענין הפגם. ובזה ממילא יתוקן הפגם של העולמות ושל נפשו. או על ידי כח התשובה, שמגעת עד שורשה העליון עולם התשובה, עלמא דחירו ונהירו דכלא (יא), ומשם

ובחרת בחיים

(י) עיין במילואים מש"כ עוד בזה.

(יא) בספר שפתי חיים [להרב חיים פרידלנדר זצ"ל – עמוד קס"ג] כתב לבאר כוונת רבינו כאן, שעולם החירות הוא עולם שהוא חפשי וגעלה מההשפעה ומהקלקולים של הרע שאינם מגיעים אליו, כענין שכתב רבינו להלן פי"ת ופי"ט שכל חטא מקלקל עולם רוחני שונה, יש חטאים שמקלקלים יותר ויש מקלקלים פחות, ויש עולמות רוחניים שבהם אין החטאים פוגמים כלל, וכזה הוא עולם התשובה, כי אע"פ שהקב"ה מנהיג את עולמו ובריותיו עליונים ותחתונים בהנהגת המשפט התלויה במעשי האדם, אך מאידך גיסא קיימת

ליקוטי מוהר״ן צח

הָעִנְיָן מַה שֶּׁנֶּאֱמַר בַּגְּמָרָא כַּמָּה פְּעָמִים, נָתַן בּוֹ עֵינָיו וְנַעֲשָׂה גַּל שֶׁל עֲצָמוֹת (בְּרָכוֹת נח שַׁבָּת לד בָּבָא בַּתְרָא עה סַנְהֶדְרִין ק). מָה הַלָּשׁוֹן נָתַן עֵינָיו בּוֹ, וּמַה נַּעֲשָׂה גַּל שֶׁל עֲצָמוֹת. אַךְ, הִנֵּה הָאָדָם אֵינוֹ רוֹאֶה עַד הֵיכָן הַפְּגָם מַגִּיעַ, אִם עָבַר עֲבֵרָה. וְהַצַּדִּיק רוֹאֶה, כִּי הַצַּדִּיק יֵשׁ לוֹ עֵינֵי ה׳, כְּמוֹ שֶׁכָּתוּב (תְּהִלִּים ל״ד):

״עֵינֵי ה׳ אֶל צַדִּיקִים״, שֶׁהַצַּדִּיק יֵשׁ לוֹ עֵינֵי ה׳, ״וְעֵינֵי ה׳ הֵמָּה מְשׁוֹטְטוֹת בְּכָל הָאָרֶץ״ (זְכַרְיָה ד דִּבְרֵי - הַיָּמִים ב ט״ז), נִמְצָא הַצַּדִּיק רוֹאֶה עַד הֵיכָן הַפְּגָם מַגִּיעַ. וְזֶהוּ פֵּרוּשׁ הַגְּמָרָא, נָתַן עֵינָיו בּוֹ, כְּלוֹמַר שֶׁיִּהְיֶה רוֹאֶה בְּעֵינֵיהֶם שֶׁל צַדִּיקִים. וְנַעֲשָׂה גַּל שֶׁל עֲצָמוֹת, גַּל מִלְּשׁוֹן הִתְגַּלּוּת, וַעֲצָמוֹת מִלְּשׁוֹן (יְשַׁעְיָה ל״ג):

״עוֹצֵם עֵינָיו מֵרְאוֹת בְּרָע״. דְּהַיְנוּ שֶׁהוּא רוֹאֶה מַה שֶּׁפָּגַם, שֶׁהָיָה נִסְתָּר מִמֶּנּוּ מִקֹּדֶם. **וְאֵין עֹנֶשׁ גָּדוֹל מִזֶּה, כְּשֶׁאָדָם רוֹאֶה מַה שֶּׁפָּגַם:**

קהלת ג, כא מי יודע רוח בני האדם העלה היא למעלה ורוח הבהמה הירדת היא למטה לארץ

ובמדרש (קהלת רבה ג, כה) ״מי יודע רוח בני האדם וגו׳ תני אחת נשמתן של צדיקים ואחת נשמתן של רשעים כולם עולות למרום אלא שנשמותיהן של צדיקים הן נתונות באוצר ונשמותיהן של רשעים מטורפות בארץ שאמרה אביגיל לדוד ברוח הקדש (שמואל א׳ כ״ה) והיתה נפש אדני צרורה בצרור החיים יכול אף של רשעים כן ת״ל ואת נפש אויביך יקלענה בתוך כף הקלע״

וב**יפה ענף** על המדרש שם (בא״ד כן עולות למרום) כתב וז״ל ״שאע״פ שהן נכרתות בעונן אינן נפסדות להיות כאין ואינן מרגישות בטובה ולא ברעה אלא לעולם עולות למרום כפי טבען אלא שמטרפין אותן לארץ שיצטערו בעון. ויתכן שבא להוציא מדעת החושב שהנפש אינה מתהוה אלא מכח הגוף שיש בו כח והכנה ועל ידי המושכלות ועבודת ה׳ מתעצמת והווה לנפש חיה. שלפי זה נפש הרשע שלא נתעצמה כראוי לה לא קנתה מציאות ובמותו תמות עמו ואין לה מציאות בעולם. אבל האמת שהיא עצם נבד עומד בעצמה כבתחלה. ולכן עולה למרום כפי טבעה אלא שבדרך עונש נדחית משם ומטרפין אותה לארץ הסך טבעה לצערה כטורף ומכה דבר בכותל. ולכן אין מ״ש בשלהי שבת (קנב, ב) כל י״ב חודש נשמה עולה ויורדת בנשמות הצדיקים דומה לזה דהתם מרצונה יורדת ועולה אבל זו מדחין אותה בע״כ בטרוף והכאה שמצטערת מאד. **ושמעתי אומרים שענין ירידת הנשמה בתוך י״ב חודש מתוך הרגלה בעיני הגוף בהיותה בו, נשאר בה צד כוסף ותשוקה אליו ולזה תוסיף תבקשנו עוד עד תום י״ב חדש שהגוף כלה ואז יסור חשק הנפש ממנו ותעלה לה ואינה יורדת. ומעונש הרשעים שיפליג החשק הזה בנפשם ויתמיד וכשתבקש ההנאה החמרית ולא תמצא תצטער מאד. וזה ענין השאול שבו הנפש נידונית מענין שאלה שתשאל ההנאות הגופניות ולא תמצא. ואם קבלה היא נקבל.** ויפורש בזה מ״ש בשלהי שבת (שם) נשמתן של צדיקים גנוזות תחת כסא הכבוד שנאמר והיתה נפש אדני צרורה בצרור החיים ושל רשעים זוממות והולכות שנאמר ואת נפש אויביך יקלענה. כי מה שפירש״י זוממות כמו בזממא דפרזלא (שם נא, ב) חבושות בבית הסוהר דוחק גדול וכי מה ענין חבישות עם הליכה וקלוע. ולפי זה יש לומר דהוא לשון תאוה ומחשבה כמו זממו אל תפק (תהלים קמ, ט) והינו שמתאוה לתשוקות הגוף והולכת לבקשם ולא תמצא. והוא ענין קליעתה ונדנודה וצערה ממקום למקום לשוט בארץ לבקש תאותה ולא תמצא. והוא מ״ש כאן מטורפות בארץ שדוחין אותה לבקש דברים החמריים על ידי תוספת תשוקתן שניתן לה בענשה ועל ידי כן תהיה נזרקת מן השמים לארץ כאבן הנזרק בקלע למרחוק. ובכן יפורש מ״ש בילקוט (שמואל א רמז קלד) נשמתן של רשעים מלאך אחד עומד בסוף העולם ואחד בסוף העולם ומקלעים נשמתן זה לזה שנאמר ואת נפש אויביך ילקענה. **שהמלאכים רמז לכח תאוות המתחדשות**

בה[1] שאחר שנחה ממנו המיית תשוקה אחת מטביעין בו תשוקה חמרית אחרת עד שבעבורה תשוטט בכל העולם להשיגה ולא תוכל ושוב תחזור להמיית תשוקה אחרת ועל ידי כן תהיה גולה וסורה מדחי אל דחיץ והוא מ״ש כאן מטורופות בארץ שבהמיית התשוקות הארציות תהיה מטולטלת מקדושת העליונים לשוט בארץ לבקש אהבתה.

וכנראה מקור יותר קדום למושג זה נמצא בספר **מגיד מישרים להג״ר יוסף קארו** (עם קלט מהדורת בר לב תש״ן) וז״ל ״ענין ואת נפש אויביך יקלענה בתוך כף הקלע... כשתפרד מזה החומר תתייחד נפשך בקונך. כי אחר שתמיד הרהוריך ומשבותיך אינם אלא בו בהכרח שבמקום שהיית חושב תמיד ששם תדבק. אבל נפש אויביך מתוך שאין מחשבותם מיוחדת אל השם יתברך אלא תמיד מהרהרים בהנאותיהם יקלענה בתוך כף הקלע, כלומר כי החושבים במאכל ובמשתה יתדבקו בכוחות החיצונות הממונות על המאכל ועל המשתה והמהרהרים בניאוף ותדבקו בכוחות ההם הממונים על הניאוף והמהרהרים בשררה וכבוד יתדבקו בכוחות ההם הממונים על כך. ונמצא כאילו הם מקלעים נפשו תוך כך הקלע כי מאחר שבכוחות החיצונים שולטים בו הרי הוא כאילו קלוע תוך כף הקלע. וגם כי אלו באים לשלוט בו על ידי שהיה מהרהר בהנאה פלונית ואלו באים לשלוט בו על ידי הנאה פלונית ונמצא כאילו הוא קלוע ביניהם. **כי בדרך הטבע במקום שהוא חושב ומהרהר שם נדבק נפשו.״**

וע' הקדמת שב שמעתתא (בהקדמה אות י) הביא בשם העקידת יצחק (קהלת יב, ז) שמי שמרבה והתמיד בחטאים טבוע בו ההרגל לחטאים טבוע בו ההרגל לחטוא עד שיתאוה לכך גם לאחר מותו וכתב שזהו העונש של כף הקלע (וג״כ הביא דברי המגיד מישרים) וכתב הגאון המכתב מאליהו (חלק א עמ' סח) שביאר ביסוד זה את האמור בגמ' ריש ע״ז להיות עמה לעולם הבא שחוזרת אליו תאוה זו אף בעולם הבא ואף שמכיר ויודע בגריעותו אינו יכול להתגבר על עצמו ועל זה אמרו אוי לאותו בושה.

[הגר״א שר (לקט שיחות מוסר ח״ב עמ' שעד) דייק מזה שכ' המס״י שהדרך להגיע לעוה״ב היא רק ע״י עוה״ז, ואח״כ כ' שהאמצעיים הם המצוות, הרי ממילא מובן אם האמצעיים הם המצוות ורק אפשר לקיים מצוות בעוה״ז, שצריך לעבור דרך עוה״ז כדי להגיע לעוה״ב. אלא למד מזה הגר״א זצ״ל שהמס״י מורה לנו שתכלית עוה״ז היא להחנך לעצמנו בפרוזדור להתענג על ה', ושיהיה הפרוזדור מעין הטרקלין, ועושים את זה ע״י המצוות, שהם אמצעים לחינוך הזה, וע״י הכנה וחינוך זו נזכה לחיי עוה״ב.

ודברי הגר״א שר הולמים מאוד מסברא ממש״כ הר' יונה בשע״ת (ב,יח) שנפש הרשע תלך אחרי תאותו לאחרי מותו כי כל דבר חוזר אל שורשו, ויסודו נראה שאחרי מה שנתאוה בעוה״ז מקבלים אף לעוה״ב, ואם נהנה בגשמיות ונתאווה אליה, כזה יהא תשוקתו לעולמים, משא״כ המתענג ומתאוה לקרבתו יתעלה יזכה לשבת את פניו. (וע״י לב אליהו פ' כי תבא) ולפי״ז מסתבר טובא דהיות ועוה״ב היא עידון הגדול על הקב״ה, צריך להיות בעוה״ז חינוך לכה״פ להתענג בגדול על ה', וכמו שסיים הגר״א שר שכפי מה שנתענג על ה' בעה״ז כן תהא הנאתו לעוה״ב.]

ובזה מבאור מש״כ הרמב״ם בהקדמתו לפירוש השמנה (כא,א וכב,ב ברב קאפח) שתכלית האדם להשיג המושכלות. כלומר – שתכלית האדם הוא לזכות את עצמו על ידי מעשיו עד שבחלק השכל הוא זך ונקי ומוכן להתענג על ה'.

---

[1] וע' מש"כ הרמב"ם במורה נבוכים חלק ב פרק ו בענין המלאכים ומש"כ שם בענין יהודה ותמר ש"מלאך הממונה על התואה" פירוש כח התואה שיש בכל אדם. ע"ש היטב.

Part I. Torment of the Mind Earth Opens Its Big Mouth Everyone knows the story of how the earth opened its mouth wide and Korach and his fellow agitators in the rebellion against Moshe Rabeinu were swallowed alive and went lost forever from the Am Yisroel. Èäé Ät ú Æà õ Æø Èà Èä ç Çz Àô ÄzÇå - The earth opened its mouth, í Èú Èà ò Çì Àá ÄzÇå - and swallowed them, ì Èä Èw Çä ÀêÉåz Äî eã Àáà ÉiÇå - and they went lost from among the congregation" (Bamidbar 16:32-33). And as Korach and his chaveirim fell into the deep hole, the pit leading them into Gehenom, they were crying out in terror. And the cries were so loud, so terrifying, that all in the vicinity fled at the sound of the screams: í Æäé Åú Éáé Äá Àñ ø ÆL Ââ ì Åà Èø ÀNÄé ì ÈëÅå - "And all of Yisroel who were around, í Èì É÷ Àî eñÈð - took flight, they beat a hasty retreat when they heard the loud wails" (ibid. 34). And for those who read Parshas Korach, that's the last we ever heard of Korach. Ruach Hakodesh Replaces Nevuah But was that really our last glimpse of Korach? Is it true that the last we ever heard from Korach is his cries of terror as he äøåúä úàéø÷à äîôúä úôø÷î àìù àð 2 | Toras Avigdor tumbled into the bowels of the earth? No, it's far from the truth. The Gemara (Bava Basra 74a) tells us that there was a Torah sage, Rabbah bar bar Chana, who was once traveling through a desolate place in the midbar and he saw a vision - a vision of Gehenom. Now, we must know that the kadmonim in the days of the chachmei hashas were not nevi'im. Prophecy had come to an end, and already in the days of the Bayis Sheini there was no nevuah anymore. But there was still enough greatness, there was still enough kedusha, that one could merit ruach hakodesh. Now what that is? It's a certain influence from Above on the minds of great men - men who have purified their minds enough to deserve it. And so at this time, Rabbah bar bar Chana was granted an insight, a glimpse into something that looked liked the pischo shel Gehenom, the entrance of Gehenom. Actually nobody ever saw Gehenom - the Next World is an entirely different form of existence, too ethereal, too otherworldly for the physical eyes to see while still alive. But what Rabbah bar bar Chana saw in that vision was a drama, a performance of sorts, that was put on for the purpose of teaching a lesson. And so, we'll spend some time studying the gemara and gleaning the lessons intended from Rabbah bar bar Chana's peek into the Next Word. Meat, Potatoes and Korach When Rabbah bar bar Chana looked into the pit that had appeared in the desert, he saw that it was full of boiling water and there was smoke billowing forth from the water. And as he stood at the edge of the hole looking in, he saw that in the boiling water there were human bodies floating around. ú Çç Çl Ç÷ Àa ø ÈN Èá Àk, Like meat in a pot, is how the gemara describes it. And like any pot in which potatoes and meat are boiling - sometimes the food sinks to the bottom and sometimes it rises to the top, depending on the movement of the waters. It was bubbling and the water was in flux; everything was moving. And as the bodies eventually rose to the top, he heard a tormented outcry from the mouth of the people who were being cooked in the pit. Parshas Korach| 3 Screaming from Gehenom! That's not something you hear every day. And so Rabbah bar bar Chana leaned in to hear what they were shouting. And he heard Korach and his chaveirim crying out in despair: ïé Ää Èc Ça eð ÀçÇð ÂàÇå ú Æî Áá Éåú ÈøÉåúÀå ú Æî Áá ä ÆL Éî – "Moshe is true, his Torah is true, and we are falsifiers." It was only when they rose to the top of the boiling caldron that you could hear the shouting. But even when they sunk to the bottom, they were still shouting with tortured cries - he heard the voice of Korach "I was wrong! Moshe was right and I was the liar!" Unkelos and the Spirits In Mesichta Gittin (56b-57a), the gemara tells about a gentile named Unkelos who was contemplating the important step of becoming a proselyte, a ger tzedek. Now, you've all heard of this great man because he subsequently became one of the greatest among the Jews. If you open the chumash, you see his writings side by side with the Torah; it's even higher up on the page than Rashi. But how did he get there? So the gemara there says that he didn't make this decision to join the Am Yisroel on a whim - he sought advice; and he decided to take counsel from someone who knew the Am Yisroel very well, someone who had seen them in all their glory. And so he went to inquire of necromancers, baalei ov, to see if they could help him make contact with the soul of Bilam Ha'rasha. Now, ordinarily nothing would have happened; to try to find something out by means of necromancy is a waste of time and a waste of money too. But this was a very great soul in the making and so Hakodosh Boruch Hu wanted to aid him in his quest and therefore He granted Unkelos a vision. How exactly it happened is not important for us now, but he was given an apperception in order to guide his path. Bilam's Version of Climate Change Now, Bilam was in Gehenom for a very long time. We can easily calculate that it was almost 1400 years already that Bilam 4 | Toras Avigdor was in Gehenom. It was a long time since he was shipped off to the warmer climates, and the fires were still going strong. And he told Unkelos that it was no good at all where he was. "It's terrible," said Bilam. "I'm suffering terribly!" You know that in the warmer climates it can get very hot, and Bilam described what they did to him every day. Take a look there and you'll see the details of how Bilam described it. And then he asked Bilam, à Èî Àì Çò àeä Çä Àa áé ÄLÂç ïä Çî – "Who is important in the Next World?" In the olam ha'emes - not in this false world in which we live here - but in the world of truth, who is really important? So Bilam said the only thing he could say: "Here, it's Yisroel that is chashuv." He couldn't deny that. In the Next World, everything is clear. And now Unkelos asked his most important question - this was the reason he had brought up the spirit of Bilam: é Å÷ea Àãé Ää Àì eä Çî eä Àa – "What would you say to me if I tell you I'm considering joining the Am Yisroel? Should I become one of them?" So what advice did Bilam give him? Listen to what Bilam said, and he said it emphatically: í ÈìÉåò Àì Èêé ÆîÈé ì Èk í Èú Èá ÉèÀå í Èî Éî ÀL L Éø Àã Äú àú à Éì – "You should never seek the welfare of the Jewish people in any way." "Don't join them, said Bilam, "Have nothing to do with

93

them!" Strange Advice Now this is a big puzzle. Because here's a man who admitted that he was suffering terribly. He realized now the truth, that he had lived a life of error, and it's the Am Yisroel who are most important. So when he was asked the question, "What should I do? Should I join them or not?" he should have said, "What's the question?! Certainly you should become a Jew!" He was now in the world of Truth and he was suffering for his hostility to the Am Yisroel, so he should have said, "Look at what I'm suffering here! Don't imitate me - don't make the same mistake I did. Become a Jew!" But he didn't say that - in fact he said the exact opposite. "Don't join them in any way - keep fighting the 'good fight' against the nation of Hashem." And that's very queer because we're seeing here that when it comes to giving advice, Bilam is Parshas Korach | 5 exactly the same today as he was in this life - he's not speaking any other language except hostility to the nation of Hashem. And that's something that's difficult to understand; it's a puzzle that needs to be resolved. Is Gehenom a Physical Fire? And the answer to our puzzle is that he couldn't say it. You know why he couldn't say it? Because when a person gains certain mental attitudes in this world, that's what he takes with him into the Next World. The attitudes, the ideals, the dei'os that you acquire in this world are what you take with you forever - you'll never be able to shake loose of them! And it's those attitudes that are going to be your punishment or your reward forever. Bilam isn't suffering in Gehenom from fires; he's suffering from his mental attitudes. In his mind there is a fire that is burning without end - a fire of wrong ideas that he can't get rid of. It's a fire he lit while still in this world, a fire that will forever be impossible to put out. Too Late For Korach And that brings us back to the vision of Korach boiling in the cauldron. He's shouting at the top of his lungs: Éåú ÈøÉåúÀå ú Æî Áà ä ÆL Éî ïé Äà Èc Ça eð ÀçÇð ÂàÇå ú Æî Áà because he is now in Gehenom trying to recoup his loss, to make amends. What he should have said when he was alive, ú Æî Áà Éåú ÈøÉåúÀå ú Æî Áà ä ÆL Éî, he's trying to say it now. But it's too late and that's his suffering. He's being tortured by recognizing the truth and not being able to make that truth a part of him. That's his torture. Not having the truth in the world of truth, is a tremendous suffering, a suffering with no relief. There's no suffering that you can imagine that's more torture than the regret you'll feel in the Next World for having missed the truth. You'll never be able to put it out that fire - and that's the worst punishment. The wickedness that a man brings into his mind in this world doesn't die with him. It's not buried in the grave; instead it follows him forever and ever. If Korach could have rid himself of his jealousy of Moshe Rabeinu, if he could have achieved the perfection of mind that 6 | Toras Avigdor includes knowing that ú Æî Áà Éåú ÈøÉåúÀå ú Æî Áà ä ÆL Éî, he could have climbed out of Gehenom. All he needed was to change his ways, change his attitudes and he would have been redeemed. But he couldn't because the thought that a person acquires in this world become part of him forever and ever. A man is his mind and the attitudes we

94

entertain in this life, they become identical with us. And so Korach is forever being consumed by this fire of wrong dei'os that he had kindled!

...and Dasan and Aviram came out standing at the entrance to their tent... (Num. 17:27). In this passage, Dasan and Aviram' home is described as a tent, yet a few verses later when the Torah describes the earth swallowing up Korach, his people, and all their possessions, it says, "And the land opened her mouth, and swallowed them and their houses..." (Num. 17:32). Here, it uses the word "houses" instead of "tents". Why does the Torah switch words? Rabbi Mordechai HaKohen of Tzfas in *Sifsei Kohen* explains that normally, a person home in This World is only temporary, because after death he will move on to a better place. For this reason, such earthly domiciles are termed a "tent" which is also a temporary form of dwelling. However, after Korach and his men were swallowed up in the ground, that was to become their dwelling place for all of eternity. So when their homes went down under with them, those homes were called "houses" which implies a higher degree of permanence than "tent" does, because they were indeed damned to stay there forever.

Does the Torah have two hands?!

בית כנסת דלוס אנג'לס

BKLA

BEIS KNESSES of LOS ANGELES

ליל שבועות תשפ״ד

ALL NIGHT LEARNING

2024

HOUR

6

משלי פרק ג

(א) בְּנִי תּוֹרָתִי אַל תִּשְׁכָּח וּמִצְוֺתַי יִצֹּר לִבֶּךָ: (ב) כִּי אֹרֶךְ יָמִים וּשְׁנוֹת חַיִּים וְשָׁלוֹם יוֹסִיפוּ לָךְ: (ג) חֶסֶד וֶאֱמֶת אַל יַעַזְבֻךָ קָשְׁרֵם עַל גַּרְגְּרוֹתֶיךָ כָּתְבֵם עַל לוּחַ לִבֶּךָ: (ד) וּמְצָא חֵן וְשֵׂכֶל טוֹב בְּעֵינֵי אֱלֹהִים וְאָדָם: (ה) בְּטַח אֶל יְהוָה בְּכָל לִבֶּךָ וְאֶל בִּינָתְךָ אַל תִּשָּׁעֵן: (ו) בְּכָל דְּרָכֶיךָ דָעֵהוּ וְהוּא יְיַשֵּׁר אֹרְחֹתֶיךָ: (ז) אַל תְּהִי חָכָם בְּעֵינֶיךָ יְרָא אֶת יְהוָה וְסוּר מֵרָע: (ח) רִפְאוּת תְּהִי לְשָׁרֶּךָ וְשִׁקּוּי לְעַצְמוֹתֶיךָ: (ט) כַּבֵּד אֶת יְהוָה מֵהוֹנֶךָ וּמֵרֵאשִׁית כָּל תְּבוּאָתֶךָ: (י) וְיִמָּלְאוּ אֲסָמֶיךָ שָׂבָע וְתִירוֹשׁ יְקָבֶיךָ יִפְרֹצוּ: (יא) מוּסַר יְהוָה בְּנִי אַל תִּמְאָס וְאַל תָּקֹץ בְּתוֹכַחְתּוֹ: (יב) כִּי אֶת אֲשֶׁר יֶאֱהַב יְהוָה יוֹכִיחַ וּכְאָב אֶת בֵּן יִרְצֶה: (יג) אַשְׁרֵי אָדָם מָצָא חָכְמָה וְאָדָם יָפִיק תְּבוּנָה: (יד) כִּי טוֹב סַחְרָהּ מִסְּחַר כָּסֶף וּמֵחָרוּץ תְּבוּאָתָהּ: (טו) יְקָרָה הִיא מִפְּנִיִּים \{מִפְּנִינִים\} וְכָל חֲפָצֶיךָ לֹא יִשְׁווּ בָהּ: **(טז) אֹרֶךְ יָמִים בִּימִינָהּ בִּשְׂמֹאולָהּ עֹשֶׁר וְכָבוֹד :** (יז) דְּרָכֶיהָ דַרְכֵי נֹעַם וְכָל נְתִיבוֹתֶיהָ שָׁלוֹם: (יח) עֵץ חַיִּים הִיא לַמַּחֲזִיקִים בָּהּ וְתֹמְכֶיהָ מְאֻשָּׁר: (יט) יְהוָה בְּחָכְמָה יָסַד אָרֶץ כּוֹנֵן שָׁמַיִם בִּתְבוּנָה: (כ) בְּדַעְתּוֹ תְּהוֹמוֹת נִבְקָעוּ וּשְׁחָקִים יִרְעֲפוּ טָל: (כא) בְּנִי אַל יָלֻזוּ מֵעֵינֶיךָ נְצֹר תֻּשִׁיָּה וּמְזִמָּה: (כב) וְיִהְיוּ חַיִּים לְנַפְשֶׁךָ וְחֵן לְגַרְגְּרֹתֶיךָ: (כג) אָז תֵּלֵךְ לָבֶטַח דַּרְכֶּךָ וְרַגְלְךָ לֹא תִגּוֹף: (כד) אִם תִּשְׁכַּב לֹא תִפְחָד וְשָׁכַבְתָּ וְעָרְבָה שְׁנָתֶךָ: (כה) אַל תִּירָא מִפַּחַד פִּתְאֹם וּמִשֹּׁאַת רְשָׁעִים כִּי תָבֹא: (כו) כִּי יְהוָה יִהְיֶה בְכִסְלֶךָ וְשָׁמַר רַגְלְךָ מִלָּכֶד: (כז) אַל תִּמְנַע טוֹב מִבְּעָלָיו בִּהְיוֹת לְאֵל יָדֶיךָ \{יָדְךָ\} לַעֲשׂוֹת: (כח) אַל תֹּאמַר לְרֵעֶיךָ \{לְרֵעֲךָ\} לֵךְ וָשׁוּב וּמָחָר אֶתֵּן וְיֵשׁ אִתָּךְ: (כט) אַל תַּחֲרֹשׁ עַל רֵעֲךָ רָעָה וְהוּא יוֹשֵׁב לָבֶטַח אִתָּךְ: (ל) אַל תָּרוֹב \{תָּרִיב\} עִם אָדָם חִנָּם אִם לֹא גְמָלְךָ רָעָה: (לא) אַל תְּקַנֵּא בְּאִישׁ חָמָס וְאַל תִּבְחַר בְּכָל דְּרָכָיו: (לב) כִּי תוֹעֲבַת יְהוָה נָלוֹז וְאֶת יְשָׁרִים סוֹדוֹ: (לג) מְאֵרַת יְהוָה בְּבֵית רָשָׁע וּנְוֵה צַדִּיקִים יְבָרֵךְ: (לד) אִם לַלֵּצִים הוּא יָלִיץ וְלַעֲנָיִים \{וְלַעֲנָוִים\} יִתֶּן חֵן: (לה) כָּבוֹד חֲכָמִים יִנְחָלוּ וּכְסִילִים מֵרִים קָלוֹן:

רש״י משלי פרק ג פסוק טז

(טז) בימינה - למיימנים בה ועוסקים בה לשמה אורך ימים וכ״ש עושר וכבוד ולמשמאילים בה שעוסקי׳ בה שלא לשמה מ״מ עושר וכבוד יש:

ביאור הגר״א - משלי פרק ג פסוק טז

ארך ימים בימינה כלומר למיימינים בה להלומדין לשמה כמשרז״ל והיינו עה״ב יהיה לו אריכת ימים בעוה״ב. בשמאלה לאותן הלומדין שלא לשמה והיינו ע״כ או בשביל ממון או בשביל כבוד לכן יהיה להם כן עושר וכבוד:

מלבי"ם על משלי פרק ג פסוק טז - חלק באור הענין

(טז) אורך ימים בימינה בשמאלה עושר וכבוד - שהכסף והחרוץ והפנינים הם אוחזים את העושר והכבוד בימינם, כי עקרם הוא להשיג עושר וכבוד, **אבל החכמה היא תאחז את העושר והכבוד בשמאלה, כדבר הטפל שאוחזים אותו ביד שמאל**, כי בימינה היא אוחזת דבר יקר מזה שהוא ארך ימים, שכולל טוב חיי העוה"ז וגם חיי נצח בעולם שכולו ארוך:

קדושים
דרוש ראשון

במדרש (ויק"ר פכ"ד, ו) **א"ר יהושע בן לוי מפני מה נסמכה פרשת עריות לפרשת קדושים, אלא ללמדך שכל מקום שאתה מוצא גדר ערוה אתה מוצא קדושה, ואית לן קריין סגיין** (ויקרא כא, ז-טו) **אשה זונה וחללה וכו' וקדשתו כי את לחם אלהיך הוא מקריב, אלמנה וגרושה וחללה וכו' ולא יחלל זרעו כי אני ה' מקדשו, והדין** (שם יט, ב) **דבר אל כל עדת בני ישראל וכו'.**

אין ספק כי הכל מודים שהאדם נברא בזה העולם להשיג האושר והטוב האמיתי, אלא שהאנשים מתחלפים ונחלקים במהות האושר, כי קצתם חושבים שהאושר הוא התענוג הגשמיי ועידון הגוף ותמיד משתדלים בעוז ותעצומות לעונג גופם, וקצתם חושבים שהוא העושר ותכלית האדם וסוף טובו להיות עשיר, וקצתם חשבו שהאושר הוא האדנות והכבוד, וקצתם חשבו שהאושר הוא הדבקות באל יתברך ומבזים טובות זה העולם, והג' כתות הראשונות הם מוטעות ותעו בתוהו לא דרך.

והנה דור המבול ודור הפלגה ודור סדום היה זה חילוק עניינם, דור המבול היה חושב שהתענוג הוא האושר האמיתי, לכך ויראו את בנות האדם כי טובות הנה ויקחו להם (בראשית ו, ב), והשחית כל בשר את דרכו על הארץ (שם, יב), ודור הפלגה חשבו שהכבוד והמעלה הוא האושר האמיתי ולזה אמרו (שם יא, ד) נעשה לנו שם, והאל יתברך בלבל לשונם והפיצם נעים ונדים הפך הכבוד, ואנשי סדום חשבו שהאושר האמיתי הוא העושר, ולכך היו שומרים אותו ובלתי רוצין ליתן פרוטה ונאבדו באפס תקוה, אמנם האבות לא כן רק חשבו שהדבקות האלהי הוא האושר האמיתי ולכן הלכו אחרי ה' והודבקו עמו.

ולזה כיון התנא באומרו (אבות פ"ד מכ"א) **רבי אלעזר הקפר אומר הקנאה והתאוה והכבוד מוציאין את האדם מן העולם.** כנגד העושר שמקנא בחברו להיות עשיר כמוהו אמר הקנאה, וכנגד התענוג הגופניי והתאוה הגשמיית אמר והתאוה, וכנגד כת הסוברת שהאושר הוא הכבוד אמר והכבוד, כי לא בא לזה העולם לתכליות אלו, אלא אדרבא מוציאין אותו מן העולם.

וזה שאמר שלמה המלך ע"ה (משלי כא, יז) **אוהב יין ושמן לא יעשיר,** רצה לומר מי שאוהב יין המשומר בענביו מששת ימי

בראשית שעליו נאמר (ישעיה סד, ג) עין לא ראתה אלהים זולתך (ברכות לד, ב), וכן שמן שעליו אמר דוד (תהלים כג, ה) דשנת בשמן ראשי, לא יעשיר, ירצה צריך שלא ילך אחר העושר:

והרב המורה ז״ל (מ״נ פ״ל) כתב וממה שצריך שתדעהו ג״כ ותתעורר אליו אופני החכמה בקריאת בני אדם הראשון קין הבל, והיות קין הוא ההורג להבל בשדה, ושלא התקיים מציאות אלא לשת כי שת לי אלהים זרע אחר (בראשית ד, כה), והרצון בו כי עיקר תולדותיהם של האנשים הם מעשיהם הטובים ופעולותיהם, והאנשים נחלקים לשלשה כתות, גשמי בכל, רוחני בכל, ואמצעי בין הגשמי והרוחני, הגשמי בכל אוהב התענוגים ועובד אדמה זה אינו מבוקש בעצמו אלא בעבור דבר אחר, ולכן לא שעה ה׳ לקין ולמנחתו. והרוחני בכל הוא האוהב לעיין ולהשכים, ומי שבזה התואר הוא קיים ונצחי. ואמצעי בין הגשמי והרוחני הוא אוהב הכבוד ורוצה היות שר ושלטון ורועה רוח ורודף קדים, ולכן הראשון נקרא קין שהוא רודף הקניינים לעונג הגוף, והשני נקרא הבל כי הכבוד קצתו בדברים נפשיים אין כבוד אלא תורה (תנדא״ר פ״ג), ולכן וישע ה׳ אל הבל ואל מנחתו (בראשית ד, ד), והיות קין הורג להבל בשדה, כי הכבוד והמעלה יצטרף אליה בקיבוץ המדיני, אבל בהיותם בשדה שם יהיה נאבדת ולא יועיל כל כבוד וכל מדה טובה, ולכן שני אלו נאבדו הכבוד נאבד ראשונה שהוא הבל, וקנין הממון שהוא קין נשאר יותר, ולא נתקיים המציאות כי אם בשת שהוא השכל העיוני, כי הוא נשאר מן האדם והם פעולות האדם ורע האדם באמת באשר הוא אדם וכו׳.

ונראה כי להיות אמת שהאנשים בזה המציאות נחלקו לה׳ כתות אלו הנזכרות בראש דרושנו, באה המצוה במלך שלא יטה אחר שלשה אלו כלל, כנגד התענוגים והוא תענוג הנשים העולה על כולם אמר (דברים יז, יז) לא ירבה לו נשים, וכנגד הכבוד והמעלה שהם הסוסים ורוב רכיבות אמר ולא ירבה לו סוסים, כנגד העושר אמר וכסף וזהב לא ירבה לו מאד, אלא לא יטה אלא אחר הדבקות האלהי כי הוא הקיים והנצחי, לזה אמר (שם, יח) והיה כשבתו על כסא ממלכתו וכתב לו את משנה התורה הזאת, שהיא הגורמת דבקות לאדם עם קונו, באופן שאין העושר והתענוג גופניי תכלית אושר האדם במה שהוא אדם:

ובזה יובן כוונת מאמר במסכת ע״ז (סה, א) **רבא אמטו ליה דורונא לבר ששך ביום אידו אמר ידענא ביה דלא פלח לע״ז, אזל אשכחיה דיתיב עד צואריה בוורדי וקיימן זונות ערומות קמיה, אמר ליה אית לכו כי האי גונא לעלמא דאתי, אמר ליה טפי מהאי ומאי טפי מהאי אמר אתון אית עלייכו אימת דמלכותא אנן לא הויא עלן אימתא דמלכותא, אמר ליה אנא מיהא מאי אימתא דמלכותא איכא עלאי אדקאי אתא פריסתיקא דמלכא אמר ליה קום דקא בעי לך מלכא אמר ליה עינא דחזיא לכו בבישותא תפקע, אמר ליה רבא אמן פקעי עיניה דבר ששך**, ע״כ.

דקשה בתשובת רבא כששאל לו בר ששך אית לכו כי האי גונא לעלמא דאתי, והשיב רבא דיהיה לנו כן לעלמא דאתי בלי

אימתא דמלכותא ולא כבר ששך דהוה ליה אימתא דמלכותא, וחס וחלילה להאמין כך דהעוה״ב אין בו לא אכילה ולא שתייה ולא ניאוף אלא צדיקים יושבין ועטרותיהם בראשיהם ונהנין מזיו השכינה (ברכות יז, א), א״כ איך אמר רבא דיהיה לעוה״ב זונות ערומות לצדיקים כמו שהיו לבר ששך וחלילה וחס והמבדיל בין טמא לטהור ובין קודש לחול, א״כ צריך להבין מאי קאמר.

אמנם נראה שיובן עם דרושנו, כי בר ששך היה מהכת החושבים כי תכלית האושר לאדם הוא השגת התענוגים כי זה חלקו מכל עמלו, ולכן אמר בר ששך לרבא הנה בזה העולם אין אתם יכולים להשיג האושר בסיבת הגלות והטלטול, אמנם לעלמא דאתי תשיגו האושר שהוא תענוג גדול כמו זה, השיב רבא כי אינו נכנס אותו תענוג בזה הסוג והגדר כי הוא טפי מהאי כי אין זה תכלית האושר לאדם, דא״כ שזה תכלית האושר לאדם החזירים והבהמות מאושרים יותר שאין עליהם אימת מלכות, דהאימה ממעט ההנאה א״כ הם מאושרים יותר דאתון אית עלייכו אימתא דמלכותא לסיבת היות זה הפועל מגונה, אמנם האושר האמיתי שאנו מקוין שהוא התענוג מהשגת האמיתיות והשלמות הרוחניי, אינו פועל מגונה שיהיה שייך בי אימתא דמלכותא כמוך ששמת התכלית התענוג בדבר מגונה ששייך עליו אימתא דמלכותא, ואתה מוטעה ודע לך שהאושר האמיתי הוא ידיעת האמת והדבקות האלהי ולא התענוג הגשמי או העושר והכבוד:

ובכוונת דרושנו זה יובנו דברי שלמה המלך ע״ה באומרו (משלי ג, טז-יח) **אורך ימים בימינה בשמאלה עושר וכבוד, דרכיה דרכי נועם וכל נתיבותיה שלום, עץ חיים היא וכו'.** דראוי להבין איך שייך בתורה ימין ושמאל דאמר אורך ימים בימינה בשמאלה עושר וכבוד, לאיזה חלק מהתורה קרא ימין ולאיזה חלק קרא שמאל, ולמה בימין איכא אורך ימים ובשמאל עושר וכבוד ודברי חז״ל (שבת סג, א) למיימינים בה ידועים הם, ואנו נדרוך דרך הפשט דקרא בתורה מיירי ולא בעוסקים בה. **ב'** מה בא ללמדנו באומרו דרכיה דרכי נועם וכו'. **ג'** אומרו עץ חיים היא למחזיקים בה ותומכיה מאושר, מאושרים מבעי ליה כמו שנאמר ותומכיה לשון רבים.

אמנם להיות אמת שהאדם מורכב מב' חלקים חומר וצורה, לכן באו ב' לוחות התורה בכל אחד מהלוחות ה' דברות, הלוח הא' לתועלת הגוף והלוח הב' לתועלת הנפש, כדאמרו חז״ל בירושלמי (סוטה פ״ח ה״ג) כיצד היו הלוחות כתובים, חנניא אחי ר' יהושע אומר חמשה על לוח זה וחמשה על לוח זה, רבנין אמרי עשרה על לוח זה ועשרה על לוח זה, ובא שלמה המלך ע״ה ללמדנו שאינה אמיתית סברת רבנין דהיו כתובים עשרה על כל לוח, אלא 'אורך ימים' עד אורך ימים היה בימינה שהוא דבור חמישי כבד את אביך למען יאריכון ימיך, אך אמנם 'בשמאלה' לצד שמאל היו 'עושר וכבוד' והרוצח והגונב ועושה עושר לא במשפט באחריתו יהיה נבל ועני, ואם יקיים לא תרצח לא תגנוב יהיה לו עושר, וכן אם יקיים לא תנאף שהוא דבר ערוה וקלון יהיה לו כבוד.

ואם תקשה לא זה דרך הלימוד, דהפשוטות צריך ללמוד תחילה וללמוד מן הקודם אל המאוחר, והיה ראוי לומר להם תחילה לא תרצח לא תנאף לא תגנוב לא תחמוד וכו' שהם דברים פשוטים, ואח"כ אל העמוקות שהם מציאות ה' אנכי ה' אלהיך והשבת שמורה חדוש העולם שהוא דרוש עמוק לא השיגו אמיתתו כל הפלוסופים, א"כ לא הנהיג דרך ישר, לזה אמר שדרך החקירה הוא מן הקודם אל המאוחר, אבל דרך הנבואה והקבלה היא מן המאוחר אל הקודם, וכמו שרמז (בראשית כח, יב) והנה מלאכי אלהים עולים ויורדים בו, עולים תחילה בעיון דברים של עילוי ומעלה, ואח"כ יורדין בדבר תחתונים, דעליה שם משותף כדכתב **הרב ז"ל במורה** (ח"א פט"ו) יעויין שם, א"כ במעמד הר סיני כשקבלו התורה קבלוה דרך נבואה ודרך קבלה שהשיגו נועם האל יתברך כדכתיב (דברים ה, ד) פנים בפנים דבר ה' עמכם, א"כ בדרך נבואה יותחל מן העמוקות תחילה ומן המאוחר אל הקודם.

אחר כך רצה לבאר למה היו ב' לוחות ולא די שיהיו כתובים בלוח אחד, לזה אמר הטעם הוא יען עץ חיים היא למחזיקים בה, ירצה יש בתורה תועלת לחלק הגוף לחיות בזה העולם אשר יעשה אותם האדם וחי בהם, וגם לנפש להשיב האושר האחרון, ולכך באו ב' לוחות כנגד ב' חלקי ההרכבה, הלוח הא' לתועלת חיי הגוף, והלוח הב' לתועלת הנפש, לזה אמר עץ חיים היא למחזיקים בה אשר יעשה אותם האדם וחי בזה העולם, וגם ותומכיה מאושר לעוה"ב, ואמר מאושר לשון יחיד, יען כל אחד ואחד עושין לו מדור לפי כבודו ואינן מעורבין יחד כמו בחיי הגופים בזה העולם אלא כל אחד לבדו, וזה הוא שנקרא מאושר וזהו האושר האמיתי של עולם הבא:

ובכוונת דרושנו זה יובן מאמר במדרש בפרשת קדושים (ויק"ר פכ"ד, ט) זה לשונו קדושים תהיו, אמר ר' שמעון בן לקיש **שתי פרשיות הכתיב לנו משה בתורה ואנו למדין מפרשת פרעה הרשע, כתוב אחד אומר** (דברים כח, יג) **והיית רק למעלה, יכול כמוני תלמוד לומר רק לשון מיעוט גדולתי למעלה מגדולתכם, ואנו למדין אותם מפרעה הרשע שנאמר** (בראשית מא, מ) **אתה תהיה על ביתי, יכול כמוני, תלמוד לומר** (שם) **רק הכסא אגדל ממך, גדולתי למעלה מגדולתך,** והדין (ויקרא יט, ב) **קדושים תהיו, יכול כמוני תלמוד לומר כי קדוש אני, קדושתי למעלה מקדושתכם, ואנו למדין מפרעה הרשע שנאמר** (בראשית מא, מד) **ויאמר פרעה אל יוסף אני פרעה יכול כמוני, תלמוד לומר אני פרעה גדולתי למעלה מגדולתך,** עכ"ל.

דהנה באמת הוא מאמר עמוק קשה ההבנה. **א'** אומרו והיית רק למעלה יכול כמוני דאיך אפשר להעלות על הדעת שבוש גדול כזה אשר אין לו שחר דיהיה האדם כבוראו ויהיה כמוהו יתברך, דאל מי תדמיוני ואשוה כתיב (ישעיה מ, כה). **ב'** כיון שאמר תלמוד לומר רק לשון מיעוט גדולתי למעלה מגדולתכם, למה צריך ללמוד אותו מפרשת פרעה הרשע הרי ממקומו הוא נלמד מדכתיב רק לשון מעוט. **ג'** כיון שהוא נלמד מכאן והיית רק למעלה שגדולתו למעלה מגדולתנו, איך אמר אחר זה קדושים תהיו יכול כמוני תלמוד לומר וכו', הרי פסוק והיית רק למעלה אכין ורקין מיעוטין מיעט זה. **ד'**

שבועות
דרוש שני

בגמרא שבת (פח, א) דרש ההוא גלילאה עליה דרב חסדא בריך רחמנא דיהב אוריין תליתאי על יד תליתאי ליום תליתאי בירחא תליתאי.

אין ספק ששום דבר לא יקרא שלם אם יחסר לו דבר מה, ולכן כל התורות ודתות עכו"ם נמוסיות מונחות מבשר ודם אינם שלמות, כיון שאין להם כח אלא לתת סדר להנהגת הגוף ויחסר מהם הנהגת הנפש האמיתית להשגת שלמות הנפש, וכמו שאמר דוד המלך ע"ה (תהלים יט, ח) תורת ה' תמימה וכו', ירצה תורת ה' היא תמימה ושלמה, כיון שמלבד שיש לה כח להנהגת הגוף גם 'משיבת נפש' ויש בה סדר לשוב הנפש למקור שחוצבה ואינה חסרה דבר הן משלמות הגוף הן משלמות הנפש.

ובזה יובן כוונת שלמה המלך ע"ה באומרו (משלי ג, טז) **אורך ימים בימינה בשמאלה עושר וכבוד**, דראוי להבין איך שייך ימין ושמאל בתורה, אבל הענין דידוע דהימין עיקר כחו של אדם, והשמאל היא יד כהה אין לה כל כך כח כימין, אמר דעיקר התורה וכחה העיקרית היא לתת ולהנחיל לאדם אורך ימים לעולם שכלו טוב ולעולם שכלו ארוך וזהו עיקר כח התורה הרוחניית להנחיל השכר הרוחניי, אך אמנם גם בשמאלה אגב גררא נמי אעפ"י שאינו עיקר כיד הימין רק כלאחר יד כיד שמאל, יש לה כח להנחיל עושר וכבוד ונמצאו בה שתי שלמיות שלמות הנפש ושלמות הגוף, ונמצא שדרכיה דרכי נועם (שם, יז), ירצה דרכיה להשיג הנועם והתענוג האמיתי, וכן 'וכל נתיבותיה שלום' משיגים שלום ושלוה לגוף בזה העולם.

וכמו שאמר בועז לרות (ב, יב) 'ישלם ה' פעלך' בזה העולם וגם 'ותהי משכורתך שלמה' לעוה"ב ולא יחסר, כעובדא דרב חנינא בן דוסא (תענית כה, א) דראה כולי עלמא אכלי אפתורא דתלתא כרעי והוא אפתורא דתרי כרעי ולא היה שלחנו שלמה משום דשדו ליה כרעא דפתורא, אבל את לא כן אעפ"י שישלם ה' פעלך בזה העולם יהיה 'משכורתך שלמה' לעוה"ב ולא יהיה שכרך בעל תכלית כמוך - לא יהיה כמו המקור שנמשך ממנו, שאינו בעל תכלית שהוא מעם ה' אלהי ישראל, יען דבר גדול עשית שהיית בת מלכים בת עגלון בן בלק ובאת לחסות תחת כנפיו הם ישראל, כי כביכול הם כנפיו יתברך, שבזמן שישראל

יוסף רעז

צדיקים מוסיפין כח בגבורה (איכ"ר פ"א, לג) והוא רוכב שמים בעזרך וכו' (דברים לג, כו):

ובמסכת ברכות (ז, ב) **מאי רות, א"ר יוחנן שזכתה ויצא ממנה דוד שריוהו להקב"ה בשירות ותושבחות, ומנא לן דשמא גרים א"ר אלעזר דאמר קרא** (תהלים מו, ט) **לכו חזו מפעלות ה' אשר שם שמות בארץ, אל תקרי שמות אלא שמות, ע"כ.**

דקשה מאי קא בעי מאי רות דכך היתה שמה דכתיב (רות א, ד) וישאו להם נשים מואביות שם האחת ערפה ושם השנית רות, א"כ מאי קא בעי מאי רות. **ב'** קשיא טובא באומרו ומנא לן דשמא גרים, דמה זו שאלה דמי אמר לו דשמא גרים, דבשלמא אם היה אומר שבשביל שנקרא רות יצא ממנה דוד היתה שאלה צודקת לומר מנא לן דשמא גרים, אבל אמר שנקרא רות על שיצא ממנה דוד ומה שיצא ממנה דוד גרם השם ולא השם גרם לדוד, א"כ מה שאל ומנא לן דשמא גרים. ג' אומרו אל תקרי שמות אלא שמות מנא לו אל תקרי ולאפוקי קרא ממשמעותיה.

ונראה לפרש מאמר זה בב' דרכים נחמדים, הדרך הא' שידוע דגר הבא להתגייר או האשה המתגיירת מסירים לה שם שהיה להם ומניחים לה שם יהודית אברהם או שרה, ולכן שאל השואל 'מאי רות', ירצה מה מקום יש לשם רות אחר שנתגיירה היה לו לקרוא שרה או רבקה רחל או לאה, והשיב דנשאר לה שם זה להודיע שבסיבתה שזכתה יצא דוד שרוהו להקב"ה בשירים ותושבחות ולכן לא שינו שמה.

או נראה לפרש דאינו שואל מאי רות על שם רות כלת נעמי, אלא על המגילה שנקראת מגילת רות ולא נקראת מגילת בועז או מגילת אלימלך או מגילת נעמי אלא מגילת רות, א"כ מאי רות במקום שהיו צדיקים גדולים ממנה למה לא נקראת המגילה על שמם, והשיב שאין כוונת כותב המגילה להודיענו ענין נעמי וענין מחלון או ענין אלימלך, אלא להודיענו דבר גדול שהמעשים של כיעור וגנאי שעשתה רות שבאה בחצי הלילה לרגלי איש חסיד וקדוש שנראה פועל מגונה, אדרבה זכתה ויצא ממנה דוד שרוהו להקב"ה בשירים ותושבחות, ואין האל מסתכל רק הכוונה דרחמנא לבא בעי, ולהודיע זה היתה עיקר כוונת המגלה ולא לענין אחר, שכלם נכתבו אגב גררא, אבל העיקר הוא זה להודיע ענין רות.

ופריך מנא לן דשמא גרים, הכוונה יובן עם הסוגיא דהתם סמוך לזה בגמרא לעיל אמרינן, ראובן אמר ר' אלעזר אמרה לאה ראו מה בין בני לבין חמי, דאלו בן חמי אע"ג דמדעתיה זבנא לבכירותיה חזי מה כתיב (בראשית כז, מא) וישטום עשו את יעקב, ואלו בני אע"ג דבעל כרחיה שקלא יוסף לבכירותיה מיניה דכתיב (ד"ה א ה, א) ובחללו יצועי אביו נתנה בכורתו ליוסף, אפילו הכי לא אקני ביה דכתיב (בראשית לז, כא) וישמע ראובן ויצילהו מידם, אחר זה אמר מאי רות, הכוונה דהשמות נקרא האדם על שם העבר וכמו משה כי מן המים משיתיהו (שמות ב, י), אבל לא מצינו שם על שם העתיד, ולזה הקשה מנא לן דשמא גרים, ורצה דהשם נקרא על מה שעתיד לגרום דלא מצינו נקרא השם אלא על העבר.

והשיב רבי אלעזר דאמר קרא לכו חזו מפעלות ה', הכוונה יובן דאמרינן

קלח) [ענין עושר וכבוד] **ואברהם** זקן בא בימים במדרש: אורך ימים בימינה בשמאלה עושר וכבוד אורך ימים בימינה לעתיד לבא בשמאלה עושר וכבוד בעוה"ז אפילו שהיא באה להשמיאל לאדם עושר וכבוד ממי אתה למד מאברהם ע"י שכתב בו ושמרו דרך ה' לעשות צדקה ומשפט (רבה פ' נ"ט) ול"ב ונראה לפי המקובל כי ימין הוא חסד ושמאל הוא דין משפט ובא ללמד כי על צדקה אשר עושה שכרו צפון לעוה"ב אך על משפט בא שכרו בעולם הזה בעושר וכבוד וע"כ כדרז"ל אין צדק יהיה לך גו' כי ע"י אשר הוא מדקדק מאד על מידותיו להיות בצדק ומשפט עי"כ יהיה עושר ע"כ בזה מבואר מהיכן זכה אברהם אבינו לאורך ימים ועושר וכבוד ע"י ושמרו דרך ה' לעשות צדקה ומשפט מכח צדקה לאורך ימים ומכח משפט לעושר וכבוד. אמנם א"ל עוד בשמאלה עושר וכבוד אין המכוון אם הולך בדרך לא טוב ח"ו כשהוא כשה"מ (יומא ע"ב) אלא בהיות שגיאות מי יבין וגו' ילפעמים איני מכוון הלכה לאמת כזה נקרא בשמאלה על דרך ב"ש במקום ב"ה איני משנה בכל זאת זכה לעושר וכבוד ובזה הרמז לדבר מפסולת של הלוחות נתעשר משה כי זה אשר איני להלכה נקרא פסולות אשר גורם עשירות, וצריכין שניהם, ולקבל כוס של ברכה בשתי ידים שמאל שתסייע לימין כי אם אין קמח אין תורה וחכמת המסכן בזויה וגו' ואין כבוד אלא לתכלית תורה כי ע"י כבוד נתקבל תורתו ובזה מבואר גם המדרש הסמוך להנ"ל וז"ל: ר"י פתח וגם עד זקנה ושיבה אלקים אל תעזבינו א"ר לא הוא זקנה לא הוא שיבה אלא שאם נתת לי זקנה תן לי שיבה עמה ממי אתה למד מאברהם ע"י שכתוב גו' ושמרו דרך ה' לעשות צדקה ומשפט זכה לזקנה ופי' במ"כ שיבה הוא הדרת פנים וכתיב וימת אברהם בשיבה טובה והמדרש תמוה ונ"ל כי זקנה אמרו זה שקנה חכמה ושיבה זה הדרת פנים אין המכוון שיהיה מהודר במראהו אלא שיהיה מכובד בעיני הבריות כנ' והדרת פני זקן לכבד את דבריו וזה ענין זקן ונשוא פנים כי מה מועיל חכמתו אם שומע אין לו כ"א צריך לצרף עמו נשוא פנים שיקבלו דבריו וזה שאמרו זקנה ושיבה שהם דברים נפרדים כי לא היה צריך להתפלל כ"א על שיבה ובכלל מאתים מנה, אלא זקנה בפני עצמו ושיבה ב"ע כנ"ל ע"כ התפלל אם נתת לי זקנה תן לי שיבה עמה ביחד היינו

תורת [פ' חיי שרה] יחיאל נד

שיעו שיקבלו דבריו ושיהי' נושאין לו פנים כנ' וננד זקניו כבוד ובזכות משפט וצדקה שלו זכה כן בשלימות הברכה ואברהם זקן בא בימים וה' בירך את אברהם בכל כנ"ל כנ' ימין ושמאל תפרוצי גו' בעושר וכבוד כאשר התפלל דוד המלך זיע"א ג"כ וגם עד זקנה ועד שיבה אל תעזביני ע"ד הנ"ל כי עי"כ זוכה בזה עד אגיד זרועך לדור לכל יבא גבורתיך ולמען שנזכה לכוס של ברכה שלימה ולקבלו בשתי ידים אמן:

90699980R00059

Made in the USA
Las Vegas, NV
03 June 2024